汽车美容快修专业技能培训视频教程丛书

汽车美容技能教程

广东凌凯汽车技术有限公司 组编

谭本忠 编

 视频讲解

机械工业出版社
CHINA MACHINE PRESS

本书详细地讲解了汽车美容实操项目的相关专业知识,内容包括汽车美容基础、汽车清洁护理和汽车美容维护三个部分。本书通过大量的真实场景高清照片,从认识汽车美容常用工具、设备和耗材开始,逐步讲解接车与检查,汽车内饰、外部、发动机舱等的清洁护理方法和步骤,以及汽车美容维护项目的实际操作。本书图文并茂,操作步骤详细,配套教学检验表格与课后练习(免费下载)、实操视频(免费观看)。

本书适合汽车美容维护人员入门学习,也可作为职业院校汽修专业实操教材和职业技能培训教材。

图书在版编目(CIP)数据

汽车美容技能教程 / 广东凌凯汽车技术有限公司组编;谭本忠编. —北京:机械工业出版社,2023.2(2024.10 重印)

(汽车美容快修专业技能培训视频教程丛书)

ISBN 978-7-111-71982-3

Ⅰ.①汽… Ⅱ.①广…②谭… Ⅲ.①汽车-车辆保养-教材 Ⅳ.①U472

中国版本图书馆 CIP 数据核字(2022)第 207925 号

机械工业出版社(北京市百万庄大街 22 号　邮政编码 100037)

策划编辑:谢　元　　　　　责任编辑:谢　元
责任校对:潘　蕊　李　婷　封面设计:马若濛
责任印制:单爱军
北京虎彩文化传播有限公司印刷
2024 年 10 月第 1 版第 2 次印刷
184mm×260mm・12.25 印张・298 千字
标准书号:ISBN 978-7-111-71982-3
定价:79.90 元

电话服务　　　　　　　　　网络服务
客服电话:010-88361066　机 工 官 网:www.cmpbook.com
　　　　　010-88379833　机 工 官 博:weibo.com/cmp1952
　　　　　010-68326294　金　书　网:www.golden-book.com
封底无防伪标均为盗版　机工教育服务网:www.cmpedu.com

前言

随着汽车产业的飞速发展、社会消费时尚的流行以及人们对事物猎奇、追求新潮思想的影响,汽车款式更新换代的速度加快,追新族们既想得到新车,又不愿旧车贬值,因此汽车美容装饰业应运而生。

近年来,我国汽车保有量不断上升,但配套基础设施建设还不够完善,普遍缺乏室内停车场,大量汽车只能露天停放,饱受风吹、日晒、雨淋,最终日渐老化。汽车美容装饰可以使汽车长时间保持靓丽、清洁,大大提高了汽车的保值率,这为汽车美容装饰业的存在和发展提供了条件。为了方便汽车美容从业人员自学,也为了满足一些汽车维修企业对汽车美容技术的培训需求,我们组织一批教学经验丰富的老师和实践经验丰富的技师共同编写了本书。

本书本着"实用、适用"的原则和"通俗、精炼、可操作"的风格编写,详细地讲解了汽车美容实操项目的相关专业知识,内容包括汽车美容基础、汽车清洁护理和汽车美容维护三个部分。通过大量的真实场景高清照片,从认识汽车美容常用工具、设备和耗材开始,逐步讲解接车与检查,汽车内饰、外部、发动机舱等的清洁护理方法和步骤,以及汽车美容维护项目的实际操作。本书图文并茂,操作步骤详细,配套教学检验表格与课后练习(免费下载)、实操视频(免费观看)。本书适合汽车美容维护人员入门学习,也可作为职业院校汽修专业实操教材和职业技能培训教材。

由于编者水平有限,书中难免有不当之处,敬请广大读者批评指正。

编 者

目 录
CONTENTS

前言

第一章　汽车美容基础　　1

第一节　认识汽车美容常用工具、设备和耗材 …… 2
　一　汽车美容的发展前景 …… 2
　二　认识汽车美容常用工具、设备和耗材的必要性及汽车美容的分类 …… 2
　三　常用设备 …… 3
　四　常用工具 …… 7
　五　常用耗材 …… 11
　六　扩展知识 …… 20

第二节　接车与检查 …… 21
　一　建立良好的第一印象 …… 21
　二　前台接待人员的作用和应具备的素质 …… 22
　三　接车及检查 …… 22
　四　接待礼仪及技巧 …… 27

第二章　汽车清洁护理　　33

第一节　车身外部清洗 …… 34
　一　车身清洗的意义 …… 34
　二　专业车身清洗的作用 …… 34
　三　洗车时间的选择 …… 35
　四　洗车液的选用 …… 35
　五　车身外部清洗过程 …… 35
　六　洗车相关建议 …… 48

第二节　车室清洁护理 …… 49
　一　车室清洁护理的必要性和好处 …… 49
　二　常见的车室清洁护理方法 …… 50
　三　内饰清洁护理 …… 52

四　汽车内饰的含义、发展现状及产品 ……………………………… 67
第三节　发动机舱清洁护理 …………………………………………………… 69
　　一　发动机舱过脏的影响 ……………………………………………… 69
　　二　发动机舱清洗及护理用品的作用 ………………………………… 70
　　三　发动机舱清洗 ……………………………………………………… 70
　　四　发动机舱清洗的具体介绍 ………………………………………… 71
　　五　发动机舱清洗的误区 ……………………………………………… 79

第三章　汽车美容维护　　81

第一节　车室臭氧杀菌消毒 …………………………………………………… 82
　　一　车室环境对驾乘人员的影响 ……………………………………… 82
　　二　车室杀菌消毒的好处 ……………………………………………… 82
　　三　车室臭氧杀菌消毒 ………………………………………………… 82
　　四　车室消毒误区 ……………………………………………………… 92
　　五　车室消毒的方法 …………………………………………………… 93
第二节　车身漆面去渍与密封 ………………………………………………… 94
　　一　漆面去渍与密封对汽车的影响 …………………………………… 94
　　二　漆面去渍密封的作用与车蜡种类 ………………………………… 94
　　三　漆面去渍与密封 …………………………………………………… 99
　　四　汽车长期保持靓丽如新的方法 …………………………………… 109
第三节　车身漆面去渍与还原密封 …………………………………………… 110
　　一　漆面去渍与还原密封概述 ………………………………………… 110
　　二　漆面抛光与打蜡 …………………………………………………… 110
　　三　漆面去渍与还原密封过程 ………………………………………… 112
　　四　抛光的利弊分析 …………………………………………………… 125
　　五　影响抛光质量和效率的关键因素 ………………………………… 126
　　六　抛光后会有小光圈的原因 ………………………………………… 126
第四节　前风窗玻璃镀膜 ……………………………………………………… 126
　　一　前风窗玻璃对驾驶人的影响 ……………………………………… 127
　　二　前风窗玻璃镀膜的作用 …………………………………………… 127
　　三　前风窗玻璃镀膜过程 ……………………………………………… 127

四　玻璃镀膜相关知识拓展 …………………………………… 138
第五节　车身漆面镀晶 …………………………………………… 138
　　一　车身漆面镀晶的意义 …………………………………… 138
　　二　车身漆面镀晶的认识 …………………………………… 139
　　三　车身漆面镀晶过程 ……………………………………… 140
　　四　车身漆面镀晶需要了解的问题 ………………………… 146
第六节　底盘装甲 ………………………………………………… 147
　　一　底盘装甲对底盘的影响 ………………………………… 147
　　二　底盘装甲的作用与种类 ………………………………… 147
　　三　底盘装甲过程 …………………………………………… 149
　　四　底盘装甲选购指南 ……………………………………… 162
第七节　玻璃贴膜 ………………………………………………… 163
　　一　玻璃贴膜的好处 ………………………………………… 163
　　二　玻璃膜的认识 …………………………………………… 163
　　三　玻璃贴膜过程 …………………………………………… 165
　　四　车窗贴膜的保养方法 …………………………………… 169
　　五　车膜的辨别方法 ………………………………………… 170
第八节　车身贴膜 ………………………………………………… 171
　　一　车身贴膜对车漆的影响 ………………………………… 171
　　二　车身贴膜的作用与种类 ………………………………… 171
　　三　车身贴膜过程 …………………………………………… 174
　　四　保持汽车长期靓丽如新的方法 ………………………… 180
第九节　倒车影像系统的安装 …………………………………… 180
　　一　倒车影像系统的认识 …………………………………… 181
　　二　倒车影像系统的作用 …………………………………… 181
　　三　如何选购汽车倒车影像系统 …………………………… 181
　　四　倒车影像系统的安装过程 ……………………………… 182
　　五　倒车雷达和倒车影像系统的优缺点对比 ……………… 186
　　六　倒车雷达和倒车影像系统的具体区别 ………………… 187
　　七　倒车影像系统的类型 …………………………………… 187

第一章
汽车美容基础

第一节　认识汽车美容常用工具、设备和耗材

随着社会进步及生活水平的不断提高，汽车正以大众消费品的姿态进入百姓生活，因而汽车的款式、性能和整洁程度会体现出车主的性格、修养、生活观和喜好。许多人想让自己的"座驾"看起来干净漂亮，用时风光舒适。围绕这一目的进行的一系列工作，就是"汽车美容"。

一、汽车美容的发展前景

汽车美容借鉴了人类"美容养颜"的基本理念，正逐步形成现代意义的汽车美容。汽车美容的概念，不只是简单的打蜡、除渍、除臭、吸尘和车内外清洁服务等常规美容护理，还包括利用专业美容系列产品和高科技工具、设备，采用特殊工艺和方法，对漆面增光、抛光、镀膜、镀晶、深浅划痕处理、全车漆面美容、底盘装甲和发动机表面翻新等一系列养车技术，以达到旧车变"新"、新车保值等目的。

我国汽车美容行业发展迅速，已经出现一些较为完善的经营模式，随着车主的消费理念逐步成熟，镀晶这样的美容项目已成为汽车美容界的热门话题，其内容包括提升漆面光泽度，保护漆面免受外界的酸、碱、紫外线等侵蚀，提供漆面极佳的拨水性和易清洁性能。从简单的洗车打蜡到封釉、镀膜和镀晶，我国汽车美容行业的巨大市场不断吸引商家进入。汽车美容项目出现多样化、高端化趋势，因此有企业推出"星级美容"的概念。汽车美容的高技术含量增长将使今后汽车美容行业发展得更加迅速，汽车美容项目的更新、美容技术的不断升级已经成为业内很重要的课题。

二、认识汽车美容常用工具、设备和耗材的必要性及汽车美容的分类

1. 认识汽车美容常用工具、设备和耗材的必要性

汽车美容是指针对汽车各部位不同材质所需要的保养条件，采用不同的汽车美容护理用品及施工工艺对汽车进行保养护理。在众多的保养护理项目中，专业工具、设备和耗材是必不可少的，而且在使用中都是专用的，分类非常严格。用于汽车美容养护作业的工具和设备种类易区分，但耗材类别很多。认识汽车美容常用工具、设备和耗材是非常有必要的。

2. 汽车美容的分类

汽车美容大致分为车身外部清洗、车室清洁护理、发动机舱清洁护理、车身漆面处理、汽车防护、汽车其他护理等几种类型。

（1）车身外部清洗　车身外部清洗主要包括：高压洗车、除锈、去除沥青、去除焦油、上蜡增色与镜面处理、新车开蜡；钢圈、轮胎、保险杠翻新与底盘防腐涂胶处理；打蜡、封釉、镀膜等。

（2）车室清洁护理　车室清洁护理包括：行李舱、仪表台、顶篷、地毯、脚垫、座椅、座套、遮阳板、车门衬里清洁，以及蒸汽杀菌、冷暖风口除臭、车内空气净化等。

（3）发动机舱清洁护理　发动机舱清洁护理包括：发动机冲洗清洁、喷上光保护剂、翻新处理、三滤（燃油滤清器、机油滤清器、空气滤清器）清洁等。

（4）车身漆面处理　车身漆面处理主要包括：氧化膜处理、飞漆处理、酸雨处理、漆面划痕和破损处理以及整车喷漆。车身漆面处理可以消除车身上细小的划痕。

（5）汽车防护　汽车防护主要包括：贴防爆太阳膜、安装防盗器、安装静电放电器、安装汽车语音警告装置等。

（6）汽车其他护理

车轮养护：经过专业处理后，可减慢轮胎老化速度，延长轮胎使用寿命，保证行车安全。

玻璃护理：经过专业处理后，不仅能提高玻璃的通透程度，还能提高滑水和防雾效果。

灯罩养护：去除灯罩的氧化层，可增加灯罩透明度，延长灯罩使用寿命。

三　常用设备

1. 高压清洗机

高压清洗机用于冲洗车辆，出水压力可调，一般为 0.5～0.7MPa，出水形状可根据需要在柱状与雾状之间调节，根据环境可选择移动式或固定式，如图 1-1 所示。因出水压力高，使用高压清洗机时应注意安全。在使用过程中，要避免手、脚等部位接触高压喷嘴，不能将水枪对着自己或别人。高压清洗机在涉及车身外部清洗项目中都会用到。

2. 泡沫机

泡沫机利用气压把洗车液压缩成泡沫喷出，避

图 1-1　高压清洗机

免了细微砂粒损伤汽车漆面，可使汽车漆面光洁。喷洒时，气压保持在 0.2～0.3MPa。不能向人喷洒泡沫，以免出现安全事故。根据环境选择，泡沫机可分为固定式和移动式两种。泡沫机中的清洗剂内加入了强力发泡剂（阴离子活性剂）和助洗剂，在压缩空气的搅动下能产生大量的泡沫，而浓稠的泡沫容易捕集污垢粒子，使油污溶解于泡沫的外表，减少了油污的沉积，所以去污能力特强，可使清洗剂发挥最大的作用。泡沫机如图 1-2 所示。

3. 吸尘器

吸尘器是清除车内灰尘和其他细碎污物用的机器，由电动抽气机把灰尘和其他细碎污物吸进去（不要吸入金属和潮湿的物体，以免因漏电、短路引发火灾。吸尘器使用完毕，应将滤袋清理干净，否则滤袋里面的灰尘越积越多，会影响散热效果，从而使温度升高过快而发生事故）。吸尘器如图 1-3 所示。

图 1-2　泡沫机　　　　　　　　　图 1-3　吸尘器

4. 蒸汽清洗除臭机

蒸汽清洗除臭机用于清洁内饰,将水加热至沸腾产生蒸汽后,作用于污垢,使其软化便于清理,同时蒸汽起到杀菌作用,可根据不同项目的需求安装不同接头,在高温雾化消毒项目中使用(使用时,水不要装得太满,因为盖子上有减压阀,水太满则会从减压阀的孔洞里溢出。清洁时,严禁在水中放入洗涤剂或肥皂水等化学物品,务必使用普通自来水)。蒸汽清洗除臭机如图 1-4 所示。

5. 吹尘枪

吹尘枪连接压缩空气后用于除尘工作,特别适合清洁狭窄处、高处以及气管内的污垢。吹尘枪是利用空气放大的原理,既能有效地减少压缩空气的消耗量,又能产生强大而精确的气流,并带动周围空气一起工作,便于对车辆缝隙及孔位进行除尘。不可用枪口磕碰漆面,以免刮伤漆面,造成划痕。在对车身进行吹干时,常常使用吹尘枪。吹尘枪如图 1-5 所示。

图 1-4　蒸汽清洗除臭机　　　　　　　　　图 1-5　吹尘枪

6. 龙卷风清洁枪

龙卷风清洁枪通过空气学原理产生高压,集吹尘、喷液功能于一体,用于清洁汽车内饰、转向盘和仪表台等。清洗时一喷一擦即可,更便捷、专业,在内饰高温雾化消毒清洗项目中使用。清洗剂一般为半雾化状态,在清洗仪表台时,喷出来的清洗剂必须是雾化状态的,以免损坏电器元件。龙卷风清洁枪如图 1-6 所示。

7. 抛光机

抛光机也称为研磨机，多用于机械式研磨、抛光及打蜡操作。其转速一般在1500～3000r/min，施工时可根据需要随时调整，配合各类羊毛盘、海绵盘等耗材进行专业施工。抛光机是汽车漆面修复工具，在美容镀晶、玻璃镀膜、漆面抛光打蜡和喷涂局部处理等项目中使用。抛光机转速档位有1～6档，分别对应转速600r/min、1000r/min、1500r/min、2000r/min、2500r/min、3000r/min。抛光机如图1-7所示。

图1-6 龙卷风清洁枪

图1-7 抛光机

8. 气动磨光机

气动磨光机连接压缩空气后，配合各类耗材进行专业打磨施工，在美容镀晶、玻璃镀膜、漆面抛光打蜡和喷涂底漆处理等项目中使用。在美容打蜡项目中去渍时，使用气动磨光机，配合磨泥盘对车漆大面积去渍。磨泥盘停留时间不能太长，否则磨泥盘的印迹会出现在车漆表面上且难以处理。气动磨光机如图1-8所示。

9. 组合鼓洗车设备

组合鼓洗车设备由泥沙松弛剂、蜡水洗车液（泡沫）、常压水（水鼓）、去水上光机、吹尘枪（气鼓）等组合而成，如图1-9所示。组合鼓洗车设备是汽车美容所有项目必须用到的设备（除"接车与检查"外）。

图1-8 气动磨光机

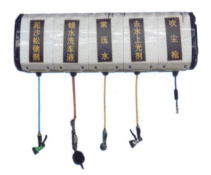

图1-9 组合鼓洗车设备

10. 镀膜喷枪

镀膜喷枪如图1-10所示，作业时可直接装涂料使用。在发动机美容镀膜项目、塑料件上光和喷漆项目中使用，喷涂时可根据实际情况对喷枪进行适当调节。

11. 脱水机

脱水机利用高速旋转产生的离心力将清洗后的脚垫、座套等物品的水分脱离。物品水分脱离时，一定放置正确，否则会在脱水时因高速旋转产生的离心力将脚垫、座套等物品甩出来。脱水机如图1-11所示。

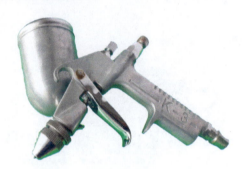
图 1-10　镀膜喷枪

图 1-11　脱水机

12. 臭氧消毒机

臭氧消毒机模拟自然界产生臭氧的原理，采用电晕放电法离解氧分子，经碰撞聚合成臭氧。利用臭氧对车厢进行消毒，具有消毒彻底、环保、无残留、不产生二次污染等特点。在内室臭氧消毒项目中使用，分别对空调和车厢进行臭氧消毒。臭氧消毒机如图1-12所示。

13. 工作灯

工作灯多为LED灯，分为有线、无线两种，在美容项目施工完毕对施工部位进行检查时使用，如图1-13所示。

图 1-12　臭氧消毒机

图 1-13　工作灯

14. 自吸式洗车设备

自吸式洗车设备通过电动机自吸配比好的泥沙松弛剂、去水上光剂和蜡水洗车液输送到自动洗车组合鼓上进行施工，如图1-14所示。

15. 美容推车

美容推车可放置美容用品、工具和耗材等，在漆面修复和镀晶项目中使用较多，如图1-15所示。

图1-14　自吸式洗车设备

图1-15　美容推车

四　常用工具

1. 毛巾

毛巾种类繁多，多为超细纤维毛巾，以颜色、大小来区分其功能，专工专用，如图1-16所示。

2. 毛巾分类使用牌

毛巾分类使用牌能使技术人员快速找到相应的毛巾进行操作，例如：擦拭漆面的毛巾颜色为绿色，清洁内饰的毛巾颜色为棕色，擦拭门边的毛巾颜色为深蓝色，不同颜色的毛巾不能混用。项目施工毛巾专工专用，不能与其他毛巾混用。毛巾分类使用牌如图1-17所示。

图1-16　毛巾

图1-17　毛巾分类使用牌

3. 海绵

海绵主要用于专业施工和清洗车辆的各个部位，专工专用，如图1-18所示。

4. 压力喷壶

压力喷壶用于分装各类液体耗材并将耗材喷涂于车漆表面,根据液体耗材不同特性使用,有些要兑水,有些不用兑水。压力喷壶如图 1-19 所示。

图 1-18 海绵

图 1-19 压力喷壶

5. 魔力海绵

魔力海绵采用物理去污的原理,依靠海绵内的毛细管开孔结构,在抹拭过程中自动吸附物体表面的污渍,不依赖任何化学洗涤剂。在水中挤压海绵时,吸附在海绵上的污渍会自然脱落到水中,海绵又可以重新使用。魔力海绵如图 1-20 所示。

6. 长柄刷、毛刷

长柄刷、毛刷用于清洗顽固污渍和不易清洗的部位,如轮毂、边缝、空调出风口等部位,在发动机舱清洗项目中用来刷洗发动机舱污垢。长柄刷、毛刷分别如图 1-21 和图 1-22 所示。

图 1-20 魔力海绵

图 1-21 长柄刷　　　　　　图 1-22 毛刷

7. 轮胎刷

轮胎刷是有弧度结构的硬毛刷,用来清洁轮胎上的污渍,如图 1-23 和图 1-24 所示。

图 1-23 轮胎刷（一）

图 1-24 轮胎刷（二）

8. 羊毛手套

羊毛手套的材质类似于羊毛。使用时，上下两部分的羊毛手套不能交换使用，因为车身下部的污垢非常多，用擦拭下部的羊毛手套擦拭车身，手套上可能有砂石等硬物，会对车身造成划痕，因此上下两部分羊毛手套禁止交换擦拭。羊毛手套如图 1-25 所示。

9. 口罩、防溶剂手套、围裙

在进行喷涂作业和美容项目时，口罩、防溶剂手套、围裙可对身体进行防护，如图 1-26 ~ 图 1-28 所示。

图 1-25 羊毛手套
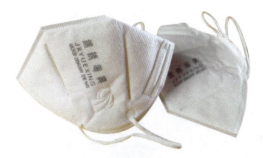
图 1-26 口罩

图 1-27 防溶剂手套

图 1-28 围裙

10. 储物箱

储物箱用于放置客户的随车物品。在内饰清洗、内室高温雾化消毒等项目中使用，目的是存放车内物品，避免在施工中损坏。储物箱如图 1-29 所示。

11. 轮毂刷

轮毂刷与轮毂光泽洁剂配合，用于清洗轮毂，如图 1-30 所示。

图 1-29　储物箱　　　　　　　　图 1-30　轮毂刷

12. 海绵刷

海绵刷是有弧度结构的软质毛刷，配合油性轮胎蜡对轮胎进行护理。轮胎护理一般分三次进行，第一次是轮胎边缘，第二次是轮胎中间，第三次是轮毂边缘。海绵刷如图 1-31 所示。

13. 手篮

手篮用于放置各种耗材、工具和物品等，施工中随身携带方便拿取耗材和工具灯，如玻璃清洁液、铁粉去除剂、重油污去除剂等。每个美容工位都应配备一个手篮，如图 1-32 所示。

图 1-31　海绵刷　　　　　　　　图 1-32　手篮

14. 小水桶

小水桶在美容项目操作中起到一定辅助作用，用于盛放洗车泡沫、清水等，如图 1-33 所示。

第一章　汽车美容基础

15. 耗材分装喷壶

耗材分装喷壶是装有各种耗材的喷壶，如玻璃清洁液、油性轮胎蜡、重油污去除剂等，如图 1-34 所示。

图 1-33　小水桶

图 1-34　耗材分装喷壶

16. 大量杯

大量杯是一种量具，用来添加耗材，也可以对耗材的配比进行测量，如图 1-35 所示。

五　常用耗材

1. 去渍布、去渍泥、磨泥盘

去渍布（图 1-36）和去渍泥（图 1-37）结合清洗剂可快速除去比较顽固的污渍，在美容项目施工中使用。磨泥盘的尺寸分别为 4in（1in = 25.4mm）、5in 和 6in，视实际情况进行选择使用，如图 1-38 所示。

图 1-35　大量杯

图 1-36　去渍布

图 1-37　去渍泥

2. 打蜡海绵

打蜡海绵柔软不伤车漆，在车身漆面去渍与密封，以及车身漆面去渍与还原密封项目中使用。打蜡时，先用打蜡海绵粘贴车蜡，然后用画圆或鱼鳞形操作进行打蜡。打蜡海绵如图 1-39 所示。

11

图 1-38　磨泥盘　　　　　　　图 1-39　打蜡海绵

3. 蜡水洗车液

蜡水洗车液比普通洗车液更注重对漆面的护理效果。由于蜡水洗车过程增加了蜡的用量和种类，漆面会显得更明亮、更具光泽，蜡水洗车液所用的表面活性剂为普通洗面奶的成分，一般不会伤害车漆，兑水比例为 1∶200～1∶600。蜡水洗车液不含磷酸盐和无机碱性物质等，可完全自然生物降解，具有超浓缩、溶解快、不伤漆面、不伤手（中性），泡沫丰富稳定，去污力超强等优点，如图 1-40 所示。

4. 车蜡

车蜡有新车保护蜡、钻石蜡、至尊硬蜡、水晶蜡、彩色蜡、手喷蜡、抗 UV 蜡、防水蜡、光洁蜡、上光蜡、清洁砂蜡等多种类型，主要作用是保护漆面（防水、抗高温、防紫外线、防静电、防酸雨、防盐雾等），如图 1-41 所示。

图 1-40　蜡水洗车液　　　　　　　图 1-41　车蜡

5. 泥沙松弛剂

泥沙松弛剂用于对车身上干结凝固的泥块进行软化，使其容易冲洗，兑水比例为 1∶200，可根据实际情况适当增加配比。泥沙松弛剂是清洗车身时的必需品，如图 1-42 所示。

6. 玻璃虫胶清洁剂

玻璃虫胶清洁剂用于清洁玻璃上因蚊虫撞击残留的虫胶和附着的污物，无须兑水，直接使用，在车身外部清洗项目中，对玻璃进行清洁，如图 1-43 所示。

图 1-42 泥沙松弛剂

图 1-43 玻璃虫胶清洁剂

7. 重油污去除剂

重油污去除剂用于清洁轮胎上和发动机舱里的油污，兑水比例一般为 1∶4～1∶10，视油污轻重而定。重油污去除剂分为两种：一种为含有强力渗透乳化剂和特殊的锈抑制剂的水基清洗剂，另一种为半水基型，是溶剂和水基清洗剂的稳定混合物。重油污去除剂如图 1-44 所示。

8. 铁粉去除剂

铁粉去除剂用于除去汽车漆面的金属氧化层，无须兑水，可直接使用。在车身漆面去渍与密封、车身漆面去渍、还原密封和漆面镀晶等项目中使用，使用时要及时清洗，否则会留下难以去除的水印，如图 1-45 所示。

图 1-44 重油污去除剂

图 1-45 铁粉去除剂

9. 轮毂轮胎镀晶上光套装

轮毂轮胎镀晶上光套装用于防止铁粉沾到轮毂上、轮毂生锈和划伤，如图 1-46 所示。

10. 塑料上光剂

塑料上光剂用于对车身上的塑胶件上光增亮，无须兑水，可直接使用。一般在项目操作完成后对全车塑料件进行上光护理,不能涂抹在漆面、玻璃和金属件上,如图1-47所示。

图1-46 轮毂轮胎镀晶上光套装

图1-47 塑料上光剂

11. 去水上光剂

与玻璃镀膜剂相似,去水上光剂有一定的去水作用,与洗车液同时使用,兑水比例1∶200～1∶600。在车身外部清洗完成后,在车漆表面喷洒去水上光剂以达到去水效果。去水上光剂如图1-48所示。

12. 油膜去除剂

油膜去除剂用于去除漆面、玻璃等表面的油膜,无须兑水,可直接使用。油膜去除剂在车身外部清洗、漆面镀晶和玻璃镀膜时使用,根据实际情况来选择,如图1-49所示。

图1-48 去水上光剂

图1-49 油膜去除剂

13. 内饰清洁素

内饰清洁素用于去除内饰表面的污垢,兑水比例为1∶10,配合龙卷风清洗枪做内饰清洁护理项目,如图1-50所示。

14. 万能水清洁剂

万能水清洁剂用于内饰漆面去油污、内饰清洁,免水洗,快速去污,中性安全,车用、家用均可,如图1-51所示。

图 1-50　内饰清洁素

图 1-51　万能水清洁剂

15. 玻璃镀膜套装

玻璃镀膜套装包括玻璃脱脂剂和玻璃镀膜剂，具有光泽度高、抗氧化、耐酸碱、抗紫外线等特点，玻璃镀膜后，表面光泽度更好，具有很好的保护作用，如图 1-52 所示。

16. 轮毂光洁剂

轮毂光洁剂用于清除轮毂表面的污垢，无须兑水，可直接使用，如图 1-53 所示。

图 1-52　玻璃镀膜套装

图 1-53　轮毂光洁剂

17. 内饰万能清洗剂

内饰万能清洗剂用于清除内饰表面的污垢，无须兑水，可直接使用。内饰万能清洗剂在内饰清洁护理项目中，配合耗材分配壶以及龙卷风清洗枪进行操作，如图 1-54 所示。

18. 多功能上光保护剂

与塑料上光剂相似，多功能上光保护剂能增加塑料件的光泽度，无须兑水，可直接使用，使用耗材分配壶对塑料件、仪表板树脂饰材等表面进行上光保护，如图 1-55 所示。

图 1-54　内饰万能清洗剂　　　　图 1-55　多功能上光保护剂

19. 发动机清洗剂

发动机清洗剂用于发动机舱清洗项目，用来清洗发动机舱表面污垢，视污垢程度进行兑水配比，如图 1-56 所示。

20. 柏油清洁剂

柏油清洁剂用于清除车漆表面附着的柏油，无须兑水，可直接使用，如图 1-57 所示。

注意：柏油清洁剂在漆面上滞留时间长了会腐蚀车漆，使用后，一定要及时清除残留的柏油清洁剂。

图 1-56　发动机清洗剂　　　　图 1-57　柏油清洁剂

21. 真皮上光剂

真皮上光剂用于对内饰的皮革上光，无须兑水，可直接使用。

注意：内饰上光时，不能对转向盘、驻车制动手柄、换档杆等部位进行护理，以免车辆行驶时造成交通事故，如图 1-58 所示。

22. 内饰清洁套装

内饰清洁套装用于内饰清洁，可用于车辆内饰杀菌、消毒和除异味等，兑水比例一般为

1∶250，视实际情况而定，如图 1-59 所示。

图 1-58　真皮上光剂

图 1-59　内饰清洁套装

23. 泡沫洗车液

　　泡沫洗车液性能优异、发泡迅速、泡沫丰富、洁白细腻、稳定性好，能快速去除车身上的泥土、树胶等污垢。轻度污垢兑水比例为 1∶600，重度污垢兑水比例为 1∶130，视污垢程度进行配比。泡沫洗车液如图 1-60 所示。

24. 镀膜镀晶套装

　　镀膜镀晶套装是分别对车辆漆面以及玻璃进行美容养护的套装，如图 1-61 所示。镀膜就是在漆面上涂上一层薄膜，目的是保持汽车漆面的光泽度，同时使漆面得到一层保护膜，从而达到保护漆面的目的。镀晶主要有耐划痕、耐腐蚀、不易龟裂、抗静电、增加光亮度和超强拨水性等作用。

图 1-60　泡沫洗车液

图 1-61　镀膜镀晶套装

25. 脱脂清洁剂

　　脱脂清洁剂是由二氯甲烷或一氟二氯乙烷、三氟二氯乙烷、乙醇及乙酸乙酯或丁酮按一定比例组成的类似共沸混合物，主要用于脱除物体表面油污，无须兑水，可直接使用。它主要在车漆镀晶和玻璃镀膜项目中使用，如图 1-62 所示。

26. 万能泡沫清洁剂

万能泡沫清洁剂用来清洗内饰（仪表板、车门、座椅、车顶、行李舱）等表面污垢，无须兑水，可直接使用，如图1-63所示。

图1-62　脱脂清洁剂

图1-63　万能泡沫清洁剂

27. 空调净化套装

空调净化套装灭菌率可达99%，可杀灭空调通风管路内的细菌且有除臭功效，净化空调通风管路，24小时后的抗菌率高于99.9%。空调净化套装能去除空调蒸发器尘垢和霉菌，改善制冷效果，降低空调使用时的油耗，如图1-64所示。

28. 美纹纸胶带

美纹纸胶带具有耐高温、抗化学溶剂佳、高黏合力、柔软服贴和再撕不留残胶等特点。在漆面抛光时，美纹纸胶带用来粘贴不能抛光的部位，如边缝、车标、塑料件等，如图1-65所示。

图1-64　空调净化套装

图1-65　美纹纸胶带

29. 研磨抛光还原剂套装

研磨抛光还原剂套装用于车漆表面划痕修复，研磨抛光还原剂套装包含研磨剂（粗蜡）、抛光剂（中蜡）、还原剂（细蜡）以及去污蜡等，如图1-66所示。

30. 油性轮胎蜡

油性轮胎蜡可以把轮胎恢复到崭新的状态，阻止紫外线侵蚀，避免橡胶老化、龟裂和失色，有效延长轮胎寿命，彻底去除轮胎上的油渍和污垢，并且具有保护作用，可防止轮胎硬化。油性轮胎蜡可使轮胎恢复原有的黑色，光洁亮丽不粘土，如图 1-67 所示。

图 1-66　研磨抛光还原剂套装

图 1-67　油性轮胎蜡

31. 漆面镀晶套装

漆面镀晶套装具有高密度、高硬度特性及超强拨水性能，能彻底隔绝外界腐蚀和损伤，将细微划痕挡在镀晶表层，阻断车漆氧化途径，使漆面透明、色泽饱满、手感光滑，如图 1-68 所示。

32. 漆面镀膜套装

漆面镀膜是覆盖在车漆表面的一层透明保护薄膜。这层保护薄膜可把汽车漆面的氧化层去掉，在漆面形成透明的无机膜，提高漆面的光亮度，然后用镀膜把漆面光亮度保护起来。漆面镀膜套装如图 1-69 所示。

图 1-68　漆面镀晶套装

图 1-69　漆面镀膜套装

33. 遮蔽膜

遮蔽膜抗曲面反翘性、耐温、粘接性能优良，节省成本、使用方便，有效解决大面积喷漆所面临的各种问题，对金属、塑料等各种材料有优良的粘接性能，在汽车喷漆、养护时，能自

如地粘贴在车体上，不损伤漆面。遮蔽膜如图1-70所示。

六 扩展知识

1. 汽车美容项目

汽车美容广义上可分为漆面美容、内室美容和车表美容三个方面。漆面美容包含洗车、打蜡、抛光、封釉、镀膜、喷漆；内室美容包含内室清洁、仪表板上光、包真皮、车内除味和加装车内精品等；车表美容主要是贴膜、底盘装甲、加装发动机护板、装饰条、装饰件等。

图1-70 遮蔽膜

2. 汽车美容用品

（1）汽车美容洗车产品 汽车美容洗车产品主要是车辆清洗外观类产品。其主要作用是清洁车体表面污垢、泥沙等，保持车体清洁干净，是一种常用的汽车养护类产品。常见的有洗车液、蜡水洗车液、洗车香波、预洗液、泥沙松弛剂、中性洗车液；专业用的有虫胶清洁剂、柏油清洁剂、车漆铁粉去除剂、漆面脱脂清洁剂等。

（2）玻璃类汽车美容产品 玻璃类汽车美容产品的主要作用是清除玻璃表面污垢，保持玻璃表面清洁，减少车辆视线遮挡，保持驾驶人视线最佳。玻璃类汽车美容产品主要有玻璃水、视窗玻璃清洁剂、油膜清除剂、玻璃防雾剂、玻璃研磨粉、玻璃研磨剂、玻璃树胶清除剂等。

（3）轮胎清洁与护理产品 轮胎清洁与护理产品主要分为清洁类产品和护理类产品，主要作用是清除轮胎上的污垢，保持轮胎的清洁和美容，延长轮胎的使用寿命，增强轮胎在日常使用过程中的安全性。轮胎清洁类产品主要有轮胎清洗剂、轮胎沥青清除剂、轮胎划痕修复剂、轮胎泥沙松弛剂等；轮胎护理类产品主要有油性轮胎蜡、轮胎上光剂、轮胎养护剂等。

（4）发动机外部清洁与护理产品 发动机外部清洁与护理产品主要有发动机舱清洗剂、发动机舱油污清除剂、发动机舱油污乳化剂、发动机舱养护剂、发动机表面铁粉去除剂、发动机隔声棉护理剂、发动机舱上光剂等产品。

（5）塑料件清洁与护理产品 塑料件清洁与护理产品主要用于保护车辆周身的塑料件，能够有效防止塑料件的老化和清洁无光泽的表面，主要产品有塑料件清洁剂、塑料件上光剂、塑料件老化层去除剂、塑料件保护镀膜等。

（6）漆面镀膜产品 漆面镀膜产品的主要作用是保护车漆、保持漆面干净透亮等，分为基础处理类和护理类。基础处理类产品有抛光剂（粗、中、细）、还原剂、脱脂剂和油膜清除剂等；护理类产品主要有树脂类镀膜产品、玻璃纤维类镀膜产品和玻璃质类镀膜产品。

（7）车内装饰产品 车内装饰产品种类比较丰富，除味类、清洁养护类产品非常多。除味类产品主要有竹炭包、喷雾剂、光催化剂等；清洁养护类产品主要汽车内饰清洁剂、内饰养护剂、内饰上光剂、内饰镀膜、真皮养护、真皮镀膜、仪表台清洁剂、仪表台上光剂、实木养护产品等。

（8）汽车美容工具　汽车美容工具包括洗车机、抛光机、气泵、抛光盘、还原盘、内饰清洁海绵、车体保护胶带（美纹纸）、轮毂刷、轮胎刷、内饰清洁刷、边缝刷、组合鼓等。

（9）汽车坐垫　用于保护汽车原有座椅或增强车内环境的美观和舒适性而添置的座椅垫称为汽车坐垫。市面上的汽车坐垫品种有很多，从材质上分，其类型有亚麻、冰丝、竹片、玉珠、毛绒、皮革等。

第二节　接车与检查

接车是为了让客户来到修理厂保养或修理车辆时，发现一切工作都准备就绪，让客户感到宾至如归，这是客户与修理厂建立良好关系的开端。

检查是为了避免客户在提车时产生不必要的误会或纠纷。接待员在车辆进入操作车间前，必须与客户一起对车辆进行环车检查。环车检查的主要内容包括车辆的外观有无损伤、车辆玻璃是否完好、内饰是否脏污、仪表板表面有无损坏、车内有无贵重物品等。

一、建立良好的第一印象

心理学研究表明，一个人只有10秒钟的时间给别人留下自己的第一印象。第一印象主要来源于对一个人仪容、态度、言谈举止和谈话内容的评价。

接待员必须获得客户的信任，同时其诚恳的态度和足够的精、气、神可以给客户留下良好的第一印象，认为我们可以为他们解决问题并让他们放心地将爱车交给我们。如果我们给客户留下不良印象或令客户不满意，则会把百忙之中抽空前来的客户赶跑。

1. 客户第一印象中各要素占比

构成客户第一印象的要素：
（1）仪容　穿着、发型、服装等（60%）。
（2）态度　问候、姿势、肢体语言等（20%）。
（3）言谈举止　使用词汇、语调、脸部表情（15%）。
（4）谈话内容　实质内容、心口如一（5%）。

客户对你的第一印象中，有80%是来自你的仪容和态度。不管你说了什么，如果你的仪容不整，客户就不会想请你维修车辆。记得随时检查自己的仪容和态度，给别人留下良好的第一印象，才会有更多人欣赏你以及店面。

2. 如何才能给客户好印象

（1）使客户满意的仪容标准
1）整体：整齐清洁、自然、大方得体、精神抖擞、充满活力。
2）头发：头发整齐、清洁、不得披头散发。
3）耳饰：女性只可戴小耳环（无坠），颜色清淡。
4）面貌：精神饱满、表情自然、不带个人情绪。

5）妆容：女性面着淡妆、不使用有浓烈气味的化妆品。

6）眼睛：清洁、无分泌物，避免眼睛布满血丝。

7）鼻子：别让鼻毛探出，勿当众抠鼻子。

8）嘴巴：牙齿刷干净、无食品残留物。

9）胡子：每日一理，刮干净。

10）指甲：不留长指甲、不涂有色指甲、保持清洁状态。

11）衣服：合身、平整、清洁、无油污。

12）袜子：无勾丝、无破损。

13）身体：无体味、不使用浓烈的香水。

（2）提高个人素质的各种技巧　交换名片的礼仪、表达的技巧、主动倾听的技巧、提问的技巧、意见处理的技巧和电话沟通的技巧。

二、前台接待人员的作用和应具备的素质

1. 前台接待人员的作用

1）是店面的代言人。

2）是客户与店面之间的桥梁。

3）提供店面产品和服务的信息。

4）提供令客户满意的服务。

5）为店面争取更多的忠实用户。

2. 前台接待人员必须具备以下三个要素

1）态度：诚实、谦虚、微笑、信赖感、共同感、整洁感、同情心、安心感、亲切感等。

2）技巧：表达技巧、提问技巧、倾听技巧、诊断技巧、客户应对技巧、电话沟通技巧等。

3）知识：车辆知识、客户知识、市场知识、关于店面的多种话题的知识、心理学知识等。

只有当你掌握这三个要素时，才能称得上专业；而客户也会对你有信心，前来要求你帮忙，因为他们相信你的专业，所以你要满足他们的期待、解决他们遇到的问题并提供他们所需的服务。如果你能做到这三点，就可满足客户的需求，使客户成为你和店面的忠实客户，这样客户满意度也会提高。

三、接车及检查

1. 认识车辆外部

（1）车辆前部　车身前部主要包括前保险杠、前照灯、前雾灯、中网、车标、发动机舱盖、左右翼子板、左右前轮胎、左右前轮毂、左右前门、左右后视镜、左右前门玻璃、前风窗玻璃、天窗、左右后门、左右后门玻璃等。

（2）车辆尾部　车身尾部包括后保险杠、排气尾管、行李舱门、后车标及字标、左右尾灯、左右后翼子板、后风窗玻璃等。

2. 认识车辆内部

车身内部包括内后视镜、仪表台、转向盘、空调出风口、影音系统、储物箱、玻璃开关、内门拉手、制动踏板、加速踏板、换档杆、座椅等。

3. 接车

1）接待时，穿着干净整洁，面貌有活力、热情大方，有礼貌。标准十大礼貌用语："欢迎光临""谢谢""请稍等""对不起，让您久等了""真对不起""是的，我知道了""非常抱歉""请您原谅""谢谢您""欢迎您下次光临，再见"。

2）接车手势，例如左转弯、右转弯、停止、暂停、倒车等，如图 1-71 所示。

图 1-71　接车手势

3）及时发现客户，主动上前接待。

① 发现客户后，以手势示意客户将车辆停放在合适的位置，如图 1-72 所示。

② 与车主进行简单沟通，了解车主的需求，如美容（车漆镀晶项目）、机修（机油更换项目）、喷涂（翼子板的喷涂项目）、钣金（车门凹面的修复项目）等，如图 1-73 所示。

图 1-72　主动上前接待

图 1-73　了解车主的需求

4）用接车手势引导车辆入库。**注意：引导时，不可站在车辆正前方和正后方，以免发生碰撞。**

① 指示引导车辆前往指定施工工位，如图 1-74 所示。

② 指示引导车辆前行。

注意：指示引导时，协助车主观察车辆两边距离，以免车辆出现刮伤，如图 1-75 所示。

③ 引导车辆进入工位，车辆停在指定位置，如图1-76所示。

④ 车辆到位后，以手势示意车主停车。

注意： 提示车主将车辆熄火，拉起驻车制动器，下车时关好车窗，如图1-77所示。

图1-74　指示引导车辆

图1-75　引导车辆前行

图1-76　引导车辆进入工位

图1-77　以手势示意车主停车

5）主动上前打开车门与车主详细交流并确定作业项目。

① 邀请车主下车，如图1-78所示。

② 再次与车主详细沟通，确定其需求项目，如蜡水洗车、漆面还原密封、玻璃镀膜等项目，如图1-79所示。

图1-78　邀请车主下车

图1-79　再次与车主详细沟通

③ 沟通过程中做好相关记录，如车主姓名、联系方式、车牌号、车型、交车时间、交车方式（自取还是送车），如图1-80所示。

4. 检查

1)邀请车主一起检查车辆状况,检查顺序是围绕车辆一周,并提示车主贵重物品(如手机、钱包、公文包等)要随身携带,或者告知某个物品或者部位不能触碰,如图1-81~图1-83所示。

图1-80 做好相关记录

图1-81 检查车辆状况(一)

图1-82 检查车辆状况(二)

图1-83 检查车辆状况(三)

2)检查车身外部各个部位有无异常损伤(如刮擦、掉漆、破损等)。若有,应与车主沟通确认并做好记录。清洗车辆时发现损伤,应及时告知主管,由主管通知车主来进行损伤确认,如图1-84~图1-86所示。

图1-84 检查车辆状况(四)

图1-85 检查车辆状况(五)

3)检查记录好车辆的行驶里程、油箱油量、续驶里程,必要时拍照留存,如图1-87~图1-89所示。

图 1-86 检查车辆状况（六）

图 1-87 记录行驶里程

图 1-88 记录油箱油量

图 1-89 记录续驶里程

4）填写接车单、客户资料、作业项目并询问车主有无特别要求，如图 1-90 所示。

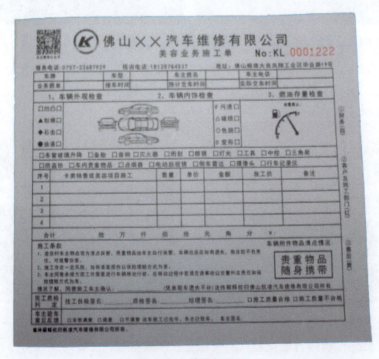

图 1-90 填写接车单

5）带领车主进入客户休息室休息，如图1-91所示。

图1-91　带领车主进入客户休息室休息

四　接待礼仪及技巧

1. 客户的定义

客户是具有消费能力或消费潜力的人，是服务的接受者或使用者。要提供使客户满意的服务，首先必须了解客户的分类，只有在对客户加以区分之后，才能因人而异，提供有针对性的服务，才能使客户满意。

2. 客户的重要性

客户是企业生存和发展的基础，市场竞争的实质就是争夺客户。店面要有效地进行客户管理，首先要树立"客户就是上帝"的经营理念，店面的一切政策和行为都必须以客户的利益和要求为导向，并贯穿到店面经营的全过程。

（1）本质上工资是客户发的　店面要得到社会的承认，顺利地开展工作，就要确保必要的经费。发给我们的工资和获得的利润都是客户购买我们的产品和服务所支付的，可以说工资是客户发给我们的。

（2）工作时间属于客户　我们的工作就是将我们的"技术"转换成"时间"来向客户出售。也就是说，向客户收取的费用都是以每一项作业所花费的时间为基础。因此，要遵守预定完工时间。工作时，要想到不能浪费客户的时间。

（3）失去客户等于失业　店面是靠拥有客户而得以生存的。我们的工作也是一样。如果客户对店面失去信赖，就会到其他的店面去，店铺的经营就会滑坡。

3. 交换名片的礼仪

名片在我们的现代生活中越来越不可或缺，它往往传递着很多重要的信息。递出一张名片，不仅是很好的自我介绍，而且能与客户建立联系，既方便，又体面，但不能滥用，要讲究一定的礼仪，否则会给客户留下草率、马虎的印象，忽视不得。

（1）事前的准备　把名片放在上衣或裤子的口袋中都不好，应把干净的新名片存放在名片夹内。平时要多准备一些名片，不要在客户面前出现名片已用完的情况。

（2）交换名片时的礼仪　应面带微笑，注视对方，将名片正面对着对方，用双手的拇指和食指分别持握名片上端的两角送给对方。如果是坐姿，应当起立或欠身递送，递送时说："我是××，请多指教。"或"我是××，很高兴为您效劳。"

（3）收下名片时的礼仪　接收他人递过来的名片时，应尽快起身，面带微笑，用双手拇指和食指接住名片下方的两角，并说："谢谢""能得到您的名片，深感荣幸"等。名片接到后不能随便乱放。如果是初次见面，最好将名片上的重要内容读出来，以示敬重。

初次见面后，应在名片背后记下会面的时间、内容等信息，最好能简单记下对方的特征，这样积累起来的名片就会为再次见面或联络提供线索或话题。

4. 表达的技巧

与客户交流时，语言应该从"生活随意型"转到"专业型"，既要有个性化的表达沟通，又必须掌握许多有共性的表达方式与技巧。

（1）寒暄的基本要求

1）真诚：真诚的问候，对于沟通人与人之间的心理，有着重要的作用。

2）鼓励：通过鼓励的话语，给人以鼓舞和力量。

3）幽默：在寒暄中加点幽默诙谐的成分，会加深客户对您的印象，对协调交际气氛很有帮助。

4）赞美：如果早上起来听到几个诸如"您起得真早啊！""您身体真棒"的赞美式寒暄，就会感到这一天心情格外愉快。

5）寒暄要因人而异，不要对谁都是一个说法；要注意环境，在不同的环境，要有不同的寒暄语言；要注意适度，适可而止，过多的溢美之词只会给人以虚伪客套的感觉。

（2）表达的技巧

1）选择积极的用词与方式。在保持一个积极的态度时，沟通用语也应尽量选择体现正面意思的词。比如，如果客户就车辆的品质问题几次求助于你，你想表达你为客户真正解决问题的期望，于是你说："我不会再让您的车重蹈覆辙。"干嘛要提起这个倒霉的"覆辙"呢？你不妨这样表达："我这次有信心不会让这个问题再发生。"是不是更顺耳？又比如，你想给客户以信心，于是说"这并不比上次那个问题差"，按照我们上面的思路，你应当换一种说法："这次比上次的情况好"，即使是客户这次真的有些麻烦，你也不必说："您的问题确实严重。"换一种说法——"这种情况有点不同往常。"你现在可以体会出其中的差别了吧？

2）在客户面前维护店面的形象。在对客户进行电话回访时，客户抱怨他在店里所受的待遇，你已经不止一次听到这类抱怨了。为了表示对客户的理解，你应当说什么呢？"您说得对，这个部门表现很差劲。"可以这样说吗？适当的表达方式是"我完全理解您的苦衷。"

个别客户的要求店里没法满足时，你可以这样表达："对不起，我们暂时还没有解决方案，但我一定尽力而为。"尽量避免"我没办法"这种表达方式。

3）服务用语具体表达技巧。在客户服务的语言表达中，应尽量避免使用负面语言。这一点非常关键。客户服务语言中不应有负面语言。什么是负面语言？例如，我不能、我不会、我不愿意、我不可以，这些都叫负面语言。那么，当你向客户说出一些负面语言的时候，客户就感到你不能帮助他。客户不喜欢听到这些话，他只对解决问题感兴趣。客户服务人员应该告诉客户，能够做什么，而不是不能做什么，这样就可以创造积极、正面的谈话氛围。那是不是说客户说什么就是什么？也不是这样。

善用"我"代替"你"

有时候尽量用"我"代替"你"，后者常会使人感到有根手指指向对方。

习惯用语：你的名字叫什么？

专业表达：请问，我可以知道您的名字吗？

习惯用语：你必须……

专业表达：我们要为您那样做，这是我们需要的。

习惯用语：你错了，不是那样的！

专业表达：对不起，我没说清楚，但我想它运转的方式有些不同。

习惯用语：如果你需要我的帮助，你必须……

专业表达：我愿意帮助您，但首先我需要……

习惯用语：你做得不正确……

专业表达：我得到了不同的结果。让我们一起来看到底怎么回事。

习惯用语：你没有弄明白，这次听好了。

专业表达：也许我说得不够清楚，请允许我再解释一遍。

在客户服务的语言中，没有"我不能"

在客户服务的语言中没有"我不能"。当你说"我不能"的时候，客户的注意力就不会集中在你所能给予的事情上，他会集中在"为什么不能""凭什么不能"上。

正确方法："看看我们能够帮您做什么？"这样就避开了跟客户说"不行，不可以"。实际上你表达的意思是一样的。

在客户服务的语言中，没有"我不会做"

在客户服务的语言中没有"我不会做"。他觉得你应该会做，应该可以，但是你为什么说你不会呢？我们希望客户的注意力集中在你讲的内容上面，而不是把注意力转移。

正确方法："我们能为您做的是……"使客户注意听你的解决方法。因此，正确的方法是说"我们能为您做什么，我可以帮您做什么"，而不是跟客户讲"我不会干这个，我不会做这个"。需要告诉他，你可以解决一部分的问题，但是另外的问题还需要专业技术人员来解决。"我可以帮您分析一下""我可以帮您看一下"，这是维修行业客户服务中的第二个技巧。

在客户服务的语言中没有"这不是我应该做的""我想，我做不了"。

告诉客户你能做什么，并且非常愿意帮助他们在客户服务语言当中，没有"这不是我应该做的""我想，我做不了"。当你说"不"的时候，你和客户之间的沟通马上就陷入一种消极的气氛中。你不要让客户把注意力集中在你或者你所在的公司不能做什么上面，或者说是不想做什么上。因此，先表明一种愿意服务的态度，然后再把你不能够提供的服务讲出来。如果你有可能提供一些折中方案，要提前说出，应避免直接回绝客户。

在客户服务的语言中，没有"但是"

不论你前面讲得多好，如果后面出现了"但是"，就等于将前面对客户所说的话进行否定。你能接受这样的赞美吗？"您穿的这件衣服真好看！但是……"正确方法：只要不说"但是"，说什么都行！客户服务语言中没有"但是"。什么叫没有"但是"呢？在沟通中有一个很重要的法则叫作"Yes Yes But"。"是，是，但是"等于什么？等于"不"。很多人都认为，以前很婉转地表达不同观点的最好方式是"Yes Yes But"。现在客户越来越精明，你说"但是"等于把你前面说的话全都否定了，所以客户感到这是一种很圆滑的外交辞令。比如，"您穿的这件衣服真好看，不过……"，"不过"什么？"不过"就把前面说的那句话又收回来了。现在比较忌讳说"但是怎么怎么样"，不要让客户感觉到你的语言表达完全是一种外交辞令。

在客户服务的语言中，有一个"因为"要让客户接受你的建议，应该告诉他理由。

不能满足客户的要求时，要告诉他原因。正确方法：不能只说"不可以"，而要告诉他原因。

在客户服务语言中有一个"因为"，这一点至关重要。很多时候客户服务人员直接回绝客户："对不起，不行""对不起，不可以"，客户马上就会问："为什么不可以？"

语言表达技巧也是一门大学问，虽然现在提倡个性化服务，但如果我们能提供专业水准的个性化服务，相信会更增进与客户的沟通效果，不要认为只有口头语才能让人感到亲切我们对表达技巧的熟练掌握和娴熟运用，可以在整个与客户的通话过程中体现出最佳的客户体验与企业形象。

5. 主动倾听的技巧

（1）倾听的定义　倾听是一种情感的活动，它不仅是耳朵能听到相应的声音。倾听还需要通过面部表情、肢体语言还有用语言来回应对方，传递给对方一种你很想听他说话的感觉，因此我们说倾听是一种情感活动，在倾听时应该给客户充分的尊重、情感的关注和积极的回应。

（2）倾听的重要性　如果你无法主动倾听客户需求，就可能无法维修客户的车辆或向客户提供满意的产品。因此，主动倾听客户需求是接待员极为重要的工作。

（3）主动倾听的效果　随时都从客户的角度初步判定客户的需求和车辆的状态。这样可以让客户更自在，并赢得客户的信任。

倾听客户时，必须注意下列5点：

1）将注意力集中在客户身上。

2）了解客户的观点。

3）不要只是主动倾听谈话内容，还要从客户的脸部表情和语调来了解客户需求。

4）在倾听阶段，先不要评论客户或车辆状况。

5）不要只听自己想听到的事。

6. 提问的技巧

通过提问，能尽快找到客户想要的答案，了解客户的真正需求和想法；通过提问，也能尽快理清自己的思路，这对于接待人员至关重要。

"您能描述一下当时的具体情况吗？""您能谈一下您的希望、您的要求吗？"这些问题都是为了理清自己的思路，让自己清楚客户想要什么，你能给予什么。

那么，如何提问才能达到上述效果呢？这是有一定技巧的。提问主要有以下 7 种技巧：

（1）针对性问题　什么是针对性问题呢？比如，店面可能会有客户投诉说："在店里刚刚修过的车，使用时发现车又坏了。"这个时候，接待人员可以询问客户："您今天早上开车的时候，车上的仪表板和故障指示灯是什么样子的？"这个问题就是针对性问题。针对性问题的作用是能让你获得细节，在不知道客户的答案是什么的时候使用，通过提出一个有针对性的问题，对客户反映的情况进行了解。

（2）了解性问题　了解性问题是指用来了解客户信息的一些提问，在了解这些信息时，要注意避免一些客户可能会产生反感的问题，比如，"您什么时候修的车？""您的修车发票是什么时候开的？""当时开发票开的单位名头是什么？""当时是谁接待的？"等，使客户觉得像在查户口。

作为接待人员，提这样的问题的目的是为了了解更多的信息，这些信息对接待人员是很有用的，可能有的客户有时候不愿意回答或懒得回答。"我早忘了！"有时客户会这么跟你说。因此在提了解性问题时，一定要说明原因，比如，"麻烦出示一下您的修车记录，因为要做登记。""麻烦您……"

（3）澄清性问题　澄清性问题是指正确地了解客户所说的问题是什么，到什么程度。有时候客户往往会夸大其词，比如"车修得太差劲了，到处是问题，修了还不如不修等。接待人员碰到这样的客户，首先要提出一些澄清性问题，因为你这时候并不知道客户所说的质量差到了什么程度。遇到这种情况可以提问："请问您说的修理结果很差是什么样子，您能详细描述一下车辆现在的情况吗？"这样可以了解客户投诉的真正原因是什么，事态究竟有多严重。

（4）征询性问题　征询性问题是告知客户对于他所提出问题的初步解决方案。"您看，我们这样解决好不好？"类似于这种问题，叫作征询性问题。当告知客户一个初步解决方案后，要让客户做决定，以体现客户是"上帝"。

客户抱怨车辆维修质量问题时，听完他的陈述后，接待人员就需要告诉客户一个初步的解决方案，如："您方便的话，可以把您的车子开过来，可能需要在店里做一下检查。"

运用征询性问题来结束对客户的服务，很多时候会让客户享受到"上帝"般的感觉。

（5）服务性问题　服务性问题也是客户服务中非常专业的一种提问。这种提问一般运用在客户服务过程结束的时候，它可以起到超出客户满意的效果。

例如，在为客户做完服务后，可以说："您看还有什么需要我为您做的吗？"在一个服务意识比较强的店铺里，我们会经常听到这句话。很多接待人员都不会运用这句话来完善服务。

服务性问题的提出是体现一个店铺的客户服务是否达到优质的一个标准。就像我们到一些管理较差的店铺，接待人员本应帮客户开门，但拉开门后接待人员自己先进去了，而不像一些管理好的店铺那样让客户先进去，这就体现了高标准的客户服务。

（6）开放式问题　开放式问题是用来引导客户讲述事实的。例如："您能说说车辆出现故障时的具体情况吗？""您能回忆一下当时的具体情况吗？"一句话问出来，客户就滔滔不绝了，这就是开放式问题。开放式问题便于更详细地了解情况，或让客户说出一些接待人员忽略了的细节。

（7）封闭式问题　封闭式问题是对客户的问题做一个重点的复述，是用来结束提问的。当客户叙述完毕，接待人员说："您的意思是想重新更换零部件，是这样的吗？"这就是一个封

闭式问题。

此外,通过提问可以让愤怒的客户(特别是投诉的客户)逐渐变得理智起来。例如,当客户很愤怒时,可能会忘记陈述事实,接待人员应该有效地利用提问来缓解客户的情绪,如:"您不要着急,一定给您解决,您先说一下具体是什么问题,是怎么回事儿?"这时客户就会专注于回答你所提出的问题,在陈述过程中,客户的情绪就会从不冷静而逐渐变得理智起来。

综上所述,只有树立全心全意为客户服务的意识,注重在与客户进行交流时提问的技巧与方法,才能吸引更多的客户接受你的服务,从而为店铺带来源源不断的经济收益。

7. 意见处理

如何建立和维护客户关系是店铺的核心和根本。培养客户的忠诚度,做到使客户真正满意,除了要重视诸多影响客户满意的因素外,还要处理好客户意见。如果意见处理不当,就会使店铺失去一个客户。

因此,在平时就要时刻注意与客户保持良好的关系,从接受预约开始到交车送别为止,对工作流程的每一个环节都要认真去完成。在处理客户意见时,根据不同的客户采取不同的处理方法使客户满意,是很重要的。

(1)换一个场所　应避免让客户站着陈述,将客户引到适合的场所坐下来听客户的诉说,向客户表达真诚的态度,会使客户的心情舒缓下来。

(2)换一个时间　当同样的事情多次协商也解决不了的时候,换个时间也是一个好方法。空出一段冷却时间,使客户的心情得以舒缓,从而能找到解决问题的方法。

(3)因人而异　这是最有效的处理方法,根据意见内容和客户要求来决定是否由其他人来接待。

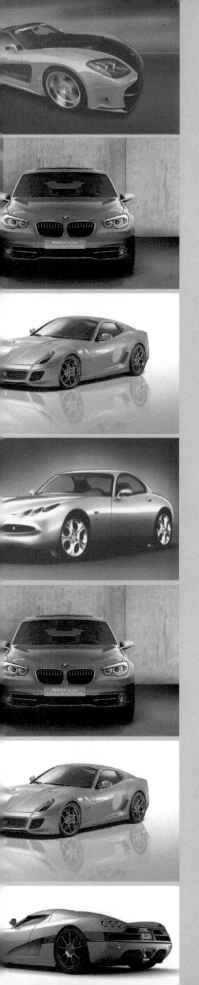

第二章
汽车清洁护理

第一节　车身外部清洗

车身外部清洗（简称"洗车"）是汽车保养最基本的工作。洗车可使汽车清洁靓丽，光彩如新，还可以延长汽车漆面的寿命，洗车是目前车辆保养频率最高的项目。

一、车身清洗的意义

现代汽车所使用的烤漆型面漆可以为车身提供光亮的保护面，尽管面漆质地硬、漆膜厚，经过长时间的风吹、雨淋、高温、强光等恶劣环境影响而又未及时护理，也会形成诸多损伤。

在外界环境中，酸雨和雪水对漆面的损害最为严重。阳光中的紫外线透过车身上的酸雨水珠聚集，聚光点的穿透能力极强，会在车漆表面产生极难处理的印痕，而有害物质不断沉积、腐蚀、渗透，最终会使车漆褪色，失去光泽，尤其是在沿海或空气中盐分含量高的地区，损伤会更为严重一些。

沥青、树油、鸟粪、虫尸等污渍不仅影响汽车的外观，还严重地腐蚀着车漆，时间一长，车漆就会被氧化失光，严重时还会造成车漆脱落，缩短汽车的使用寿命。现代专业车身清洗则是在普通洗车的基础上，不仅洗去了汽车表面的浮尘，还用专业技术将粘附在汽车表面的有害物质全部除去。

二、专业车身清洗的作用

"传统洗车"没有任何规范性可言，作业时用一根水管与自来水管一接，甚至仅使用一桶水、一块抹布即可完成，任何人都可操作，这样洗车效果不言而喻。更严重的是车身上清洗下的泥沙和污水到处流淌，不但影响城市形象，也造成水资源的浪费。而专业的现代汽车清洗机构有经过管理部门审核批准的固定经营场所，配套设备完善齐全，污水过滤去污后可循环利用，不仅保证了汽车清洗的效果，而且达到了节约用水、保护环境的目的。

车身通过专业的清洗，可以去除车身表面上和缝隙内的附着物和污垢，使车身漆面焕然一新，免除一些有害物质对车漆和钣金件的损害。同时，洁净的车身外表也会给车主增光不少，通常人们都喜欢欣赏干净、整洁、漂亮的事物，通过车辆外观可以看出车主对待事情的态度。

现代车身清洗美容属于专业性工作。所谓专业性，就是严格按照工艺要求，由经过培训的专业人员采用专用的设备、工具、耗材及专业的手段进行汽车的清洗作业。现代汽车清洗应使用专业优质的清洗产品，针对汽车各部位材质进行有针对性的清洗和翻新，使汽车经过专业的清洗后外观洁亮如新。专用洗车液呈中性，选用非离子表面活性剂制成，能使污渍分子分解浮起而轻易被洗掉，其化学成分不会破坏车漆，有的洗车液还兼有上蜡功能，对车漆兼有保护作用，可有效延长汽车寿命。

三 洗车时间的选择

首先，根据天气判断多久洗一次车，在连续晴天时且非重污染地区，大约一周洗一次车较为合适，因为晴天粘附在车身上的只有少量的灰尘，而比较脏的污渍基本没有。在连续雨天时，则不必急着洗车，因为洗完之后一下雨车身又会变脏，应在天气放晴之后再对车身进行清洗。

其次，根据行驶路况及环境确定洗车时间，如果汽车经常行驶在尘土较多的地方应该视汽车的脏污程度提高洗车的频次。沿海地区的车辆在有雾的天气过后应该对车身进行清洗，因为雾气中会含有盐分，如果不及时清洗会侵蚀车漆和各钣金件。

四 洗车液的选用

洗车液不能随便选用，千万不能使用洗衣粉或洗洁精来代替洗车液洗车，这是因为洗衣粉是碱性洗涤剂，对车漆损害很大，如果长期用洗衣粉水来洗车，汽车的表面就会逐渐失去光泽。而洗洁精在去除污渍的同时也有脱蜡的作用，长期下来车漆也会失去光泽。如果汽车实在太脏而附近没有美容店，需要自洗却没有专用洗车液，可以暂时用一些中性洗涤剂，比如洗发水、沐浴露、洗手液这类，但是不要长期使用。

一般正规的洗车店洗车都是用蜡水洗车液，蜡水洗车液含有蜡的成分，洗完车后可以提升漆面的亮度，并使漆面有一些拨水效果，为漆面提供一定的保护。蜡水洗车液具有超强的除污能力，能迅速彻底地分解顽固污渍，无须擦拭。蜡水洗车液由纯天然清洗物质经过高科技工艺萃取，再通过浓缩膨化造粒磨粉技术精制而成，其工作原理是利用活性物质激活污渍，加大表面张力，使车体粘附介质脱离车体表面，处于分离状态，从而达到超强除污效果。蜡水洗车液不含磷酸盐和无机碱性物质等，可完全自然生物降解，超浓缩，溶解快，不伤漆面，不伤手（中性），泡沫丰富稳定，去污力超强。

五 车身外部清洗过程

车身外部清洗主要包括第一次冲洗、第二次冲洗、干车和检查四个方面。

1. 第一次冲洗

第一次冲洗可以使用泥沙松弛剂和重油污去除剂对车身进行清洗，目的是将车身上大部分明显的、比较脏的污渍去除，使后面的清洗更容易，因此第一次冲洗的效果会影响后续的施工效果，如果车漆表面还有比较大的沙砾，在第二次冲洗的擦洗过程中可能还会对车漆造成损伤。

准备所需设备、工具及耗材：高压洗车机、组合鼓洗车设备、轮胎刷、泥沙松弛剂、重油污去除剂。

（1）洗车前检查及准备

1）接车与检查（参照"接车与检查"项目）。

2）停车检查。将车停放在指定作业位置，如图2-1所示，洗车的场地应通风清洁少尘，如果洗车场地有扬尘，洗车之后灰尘又会吸附在车身上，导致洗车效果不佳，因此场地非常重要。

检查所有门窗是否已经关闭，特别是缝隙处一定要关严实，防止在冲洗车辆时将水冲进车内，造成车身内饰或电器损坏，引起不必要的纠纷，如图2-2所示。

图2-1　指定作业位置

图2-2　关闭车辆所有门窗

注意：发动机温度高时不要急着洗车，因为此时洗车水渍会被很快烤干，从而在车漆表面留下难以去除的痕迹，所以需要待发动机冷却后再进行清洗。另外，检查门窗时一定要特别仔细，不留缝隙。

（2）取出前后脚垫　若前脚垫不好取出，可以将座椅向后调整，在座椅调整前要用标记条标记座椅位置。图2-3所示是电动座椅向后调整开关，非电动座椅的调整手柄在座椅靠前的下方，一般向上扳动后即可进行调整，然后取出前脚垫，如图2-4所示。

图2-3　向后调整座椅

图2-4　取出前脚垫

若后脚垫不好取出，可将前面的两个座椅向前调整（图2-5），然后取出后脚垫，如图2-6所示。

图2-5　向前调整座椅

图2-6　取出后脚垫

注意：在移动座椅前，应先用美纹纸做好位置标记。

（3）喷洒泥沙松弛剂和清洗剂　在组合鼓洗车设备中找到泥沙松弛剂喷枪，如图2-7所示，然后对车身喷洒泥沙松弛剂。泥沙松弛剂的兑水比例为1∶200，泥沙松弛剂可以使泥沙等污垢软化，清洗起来更方便。

喷洒泥沙松弛剂时要均匀全面，特别是汽车下部裙边等部位泥沙较多的地方不能有遗漏，喷洒顺序是从上往下并且绕车一周喷洒，喷洒完成后等待1~3min，让污垢充分软化，如图2-8所示。

图2-7　泥沙松弛剂喷枪

图2-8　喷洒泥沙松弛剂

由于轮毂位置较低，行驶时容易粘附地面油污，因此要对轮毂喷洒重油污清洗剂，重油污清洗剂的兑水比例为1∶10。对四个车轮轮毂喷洒重油污清洁剂，然后等待1~3min，如图2-9所示。

冲洗车身前，先用专用海绵将轮毂擦拭一遍，如图2-10所示，如果用海绵擦不掉油污或擦拭不完全，可以配合轮毂刷进行擦拭。

图 2-9　喷洒重油污清洁剂

图 2-10　擦拭轮毂

注意：喷洒泥沙松弛剂和重油污去除剂后，不能立即刷洗轮胎和冲洗车身，应等几分钟使清洗剂与污垢充分反应后再操作，否则清洗剂不起作用。

（4）冲洗车身　车身冲洗的顺序为：先冲洗一侧的两个轮胎，包括轮胎内衬板；再依次冲洗车顶、前风窗玻璃、发动机舱盖、前保险杠、前翼子板、前门、后门、后翼子板、后风窗玻璃、后保险杠，每个部位从上到下冲洗，然后用相同的方法冲洗另一面。

开启高压清洗机电源开关，然后开启高压清洗机开关，在打开电源开关时，必须将手擦干，不能留有水分（防止因漏电而引发安全事故），并且电源开关也要防水，防止在冲洗车身时电源开关进水导致电源电路短路，如图 2-11 和图 2-12 所示。

图 2-11　开启高压清洗机电源开关

图 2-12　开启高压清洗机开关

通过旋转高压水枪的枪头可以调整出水形状，出水形状与水柱的压力相关，喷出的水柱压力不能过大，否则容易损伤车漆，一般出水形状调整为半雾状，如图 2-13 所示。

冲洗车轮时，特别要注意车轮螺栓孔是否冲洗干净。轮胎内衬板必须仔细冲洗干净，因为汽车行驶时带起来的泥沙大多沉积在此处，冲洗完必须用手配合检查内衬板是否冲洗干净，如图 2-14 和图 2-15 所示。

图 2-13 调整出水形状

图 2-14 冲洗车轮

车轮及内衬板冲洗完成后按车顶、前风窗玻璃、发动机舱盖、前保险杠、前翼子板、前门、后门、后翼子板、后风窗玻璃、后保险杠的顺序冲洗车身各个部位,一面冲洗完成后用相同的方法冲洗另一面,每个部位从上到下冲洗,冲洗时作业人员要在距离车体 0.3～0.5m 处,右手拿水枪,左手握住水管 0.6m 处,水枪与车身成 45°角冲洗车身,不要左右来回冲洗,要沿着一个方向冲洗,否则容易将泥沙带到冲洗过的地方,如图 2-16 所示。

图 2-15 冲洗轮胎内衬板

图 2-16 冲洗车身

标准：车身和车轮上大部分明显的污渍清除干净。
注意：冲洗要从上到下顺着一个方向按顺序进行,并且不能有遗漏。

2. 第二次冲洗

第二次冲洗要彻底清洁干净车身表面的污渍,不能有遗漏,特别是汽车下部较脏的区域更要仔细清洗,第二次冲洗后汽车表面基本已经没有污渍。

准备所需设备、工具及耗材：羊毛手套、轮毂刷（轮毂专用海绵）、轮胎刷、蜡水洗车液（洗车泡沫）。

(1) 喷洒蜡水洗车液　将配好的蜡水洗车液注气（气压调整保持在 0.25～0.35MPa）,把喷头拉到最远处,然后打开阀门按照从上到下、从前往后绕车一周的顺序将泡沫全面均匀地喷洒在车身各个部位。现代汽车美容多使用洗车组合鼓,蜡水洗车液已提前调好,可以直接使用,如图 2-17 和图 2-18 所示。

图 2-17　拉出蜡水洗车液喷头

图 2-18　喷洒蜡水洗车液

（2）擦拭车身、车轮　喷完蜡水洗车液后，开始擦洗车身，戴上车身上部专用羊毛手套，从车头开始擦洗，车正面和玻璃以包框、居中徘徊的方式擦洗，然后擦洗前风窗玻璃和车顶，在擦洗风窗玻璃及车顶时要特别注意缝隙处的污渍，可以踩在专用凳子上擦洗车顶，不能踩在轮胎上，防止站立不稳而摔伤或刮花车漆，如图 2-19 和图 2-20 所示。

图 2-19　擦洗发动机舱盖

图 2-20　擦洗前风窗玻璃、车顶

擦洗完发动机舱盖、前风窗玻璃和车顶后，再擦洗车身上部，车身上下部分要分清楚（裙边、翼子板轮眉、保险杠下部为车身下部，其他为车身上部）。羊毛手套要分下部、上部使用，因为车身下部脏污比较严重，若混用可能会使车身上部更脏，防止施工时漏洗。在擦洗过程中，要将羊毛手套在清水中多清洗几次，防止有大的颗粒物划伤车漆。车身侧面大面积以直线往复的形式擦洗，但要注意车门玻璃等处的边角位要灵活利用手指进行清洁。擦洗前车门时，最好面对后视镜，防止不小心碰撞到后视镜导致后视镜损坏，如图 2-21～图 2-23 所示。

图 2-21　擦洗后风窗玻璃

图 2-22　擦洗车门

车身上部擦洗完成后,用专门擦洗车身下部的羊毛手套开始擦洗前后保险杠下部、裙边等部位。车身下部比较脏,擦洗时要仔细,不能有遗漏,如果擦不干净,则用专用清洗剂擦拭,如图 2-24 ～图 2-26 所示。

图 2-23　清洗羊毛手套

图 2-24　擦洗前保险杠下部

图 2-25　擦洗后保险杠下部

图 2-26　擦洗下部裙边

车身擦洗完成后,开始刷洗轮胎和轮毂,轮胎和轮毂因为直接接触地面或离地很近,因此比其他部位更脏,因此轮胎要使用专用轮胎刷配合重油污清洁剂刷洗,轮胎花纹槽里如果有小石子等异物,也要清理干净。金属轮毂用专用海绵或轮毂刷进行清洗,如图 2-27 和图 2-28 所示。

图 2-27　用轮胎刷刷洗轮胎

图 2-28　用专用海绵擦洗轮毂

标准:车身外部各部位擦洗到位,车轮刷洗干净,没有遗漏。

注意:喷洒蜡水洗车液要均匀,擦洗时要迅速,否则蜡水洗车液会干,干了的蜡水洗车液不容易冲洗干净且容易留下痕迹。擦洗下部的羊毛手套不能擦拭上部,因为下部车身泥沙太多,再擦拭上部会对漆面造成划痕。羊毛手套要多清洗几次。

（3）冲洗车身　车身和车轮擦洗完成后，用高压水枪对车辆进行第二次冲洗，冲洗顺序从上往下、从前往后绕车一周冲洗泡沫，如图2-29所示。

车辆边缝会残留擦拭车身时留下的泡沫，所以在冲洗时要特别注意车门、车门玻璃、风窗玻璃、进气格栅等缝隙处要多停留，如图2-30所示，冲洗完成后要检查是否有没擦洗到的地方或没冲洗掉的泡沫。

图 2-29　冲洗泡沫　　　　　　　　　图 2-30　冲洗边缝

标准：全车外表无污渍、泥沙、泡沫。
注意：对于缝隙处要多冲一会儿，将泡沫全部冲洗掉。

3. 干车

第二次冲洗之后进行干车，干车是为了去除车身上的水渍，防止自然风干而留下水痕，并且还要将没有冲洗掉的污渍清洁干净，干车时最重要的是对于车身各处缝隙的清洁，对于用毛巾擦拭不到的部位可以用吹尘枪配合毛巾进行清洁。

准备所需设备、工具及耗材：吹尘枪、大毛巾、漆面清洁毛巾、玻璃清洁毛巾、玻璃清洁剂。

（1）擦干水渍　首先将专用的大毛巾从车头覆盖，两人配合从车头至车尾拖动施工，拧干水再从车尾到车头，拖至刮水器位置时，还要将刮水器上面的残留水分擦干，如图2-31所示。

拖至风窗玻璃时，把毛巾垫在刮水器下面，将刮水器小幅度抬起、放下两三次以除掉上面残留水分，也可将毛巾翻转过来包住刮水器，用手捏拿以吸干上面的水渍，不能太用力，否则会造成刮水器损坏，如图2-32和图2-33所示。

 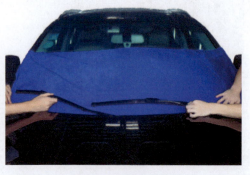

图 2-31　擦干水渍　　　　　　　　　图 2-32　拍打刮水器

将毛巾拖过车顶，拖至车顶时要将毛巾按压在导水槽上，车顶上还可能会装有鲨鱼鳍或天线，因车型不同位置也不同，拖至鱼鳍或天线部位时要绕过再进行擦拭，如图2-34所示。

拖到车尾后，两个人配合将毛巾拧干，如图2-35所示，再从后往前进行擦拭一次，对第一遍擦拭时没有擦拭干净的部位进行再次擦拭。

图2-33 包裹捏拿刮水器

图2-34 将毛巾拖过车顶

图2-35 将毛巾的水分拧干

两人配合对车身前后部及车顶施工完成后，由一人对折毛巾，擦拭车身侧面，将车体侧面分段从上到下以"Z"字形分三遍擦拭剩余水分，如图2-36和图2-37所示。

图2-36 擦拭玻璃

图2-37 擦拭车门

车身外表面擦拭干净之后，打开行李舱盖、前后车门，用门边专用毛巾擦干边框内及四门内饰、玻璃等处的水渍，如图2-38和图2-39所示。

图2-38 擦拭立柱

图2-39 擦拭车身门框

擦拭车门外边缘,围绕车门外边缘擦拭一圈,要特别注意橡胶密封条里可能藏有污渍,要仔细擦拭干净,如图2-40和图2-41所示。

图2-40 擦拭车门边缘

图2-41 擦拭车门下部

擦拭车门与立柱连接处时,因为空间狭窄不易擦拭,但一定不能忽视,要仔细擦拭干净,特别是车门铰链处,如图2-42所示。

擦拭完车门、门框后,开启后行李舱盖,擦拭行李舱边缘,**注意:边缘缝隙处可能残留有水迹,所以在必要时要配合吹尘枪进行擦拭**,如图2-43所示。

图2-42 擦拭车门连接处

图2-43 擦拭行李舱边缘

擦拭C柱内后部,行李舱顶的导水槽容易堆积树叶等杂物,一定要清洁干净,所以必要时可以使用吹尘枪进行擦拭,但要注意不能弄脏其他地方,如图2-44所示。

标准:车身外表无污渍、水渍、水印。

注意:车门边框、橡胶密封条、行李舱顶导水槽等处要仔细擦拭干净。

(2)吹干缝隙 车门、行李舱等处擦拭完成后,对不能用毛巾擦拭和容易积水的区域进行吹干。将毛巾对折,左手拿毛巾,右手拿吹尘枪、枪嘴距离漆面80～100mm处与车身成45°角下倾吹气。每吹一道迅速将水擦拭干净。

按照从前往后的顺序首先对进气格栅(中网)、前车标、前保险杠以及前照灯、雾灯等处的缝隙吹干,如图2-45所示。

图2-44 擦拭导水槽

吹干车门、车门玻璃、后视镜边缝作业时,要用毛巾遮挡以免水渍飞溅。后视镜内部隐藏水渍较多,所以吹尘枪停留在后视镜位置的时间要稍长一点,如图2-46和图2-47所示。

图2-45　吹干中网

图2-46　吹干车门缝隙

吹干车门外拉手,轻拉起门把手,将漆面毛巾放在下部然后进行吹干,毛巾放在下部可以防止水渍向下流而污损干净部位或留下水痕,如图2-48所示。

图2-47　吹干后视镜

图2-48　吹干门把手

车身上的各处标志(如发动机排量标志、车标、汽车品牌)、车牌等处也不能遗漏,应仔细吹干净,如图2-49所示。

对车轮、轮毂、气门嘴、车轮固定螺栓和螺帽等位置进行吹干,如图2-50所示。

图2-49　吹干标志

图2-50　吹干车轮

标准：各处缝隙无水滴落，缝隙内无污渍。

注意：一定要用毛巾配合吹尘枪进行操作，防止吹出的水渍及杂质弄脏其他干净的漆面。

（3）擦拭清洁玻璃　车身各处缝隙吹干擦拭完成后，用擦拭玻璃专用毛巾结合玻璃清洁剂（无须兑水）对玻璃内外侧进行擦拭清洁。将玻璃清洁剂喷洒在擦拭玻璃专用毛巾上，然后使用擦拭玻璃的专用毛巾对玻璃进行擦拭清洁，如图2-51所示。

图 2-51　喷玻璃清洁剂

按照从前往后的顺序先擦拭前风窗玻璃外侧，再擦拭前风窗玻璃内侧，如图2-52和图2-53所示。

图 2-52　擦拭前风窗玻璃外侧

图 2-53　擦拭前风窗玻璃内侧

最后擦拭前后车门玻璃内侧和外侧，如图2-54和图2-55所示。

图 2-54　擦拭车门玻璃内侧

图 2-55　擦拭车门玻璃外侧

标准：擦拭完成后玻璃上应无污渍、水渍，干净明亮，光可鉴人。

注意：对于有比较难擦掉的污渍的部位，可以喷一点玻璃清洁剂，然后等几分钟再擦拭。

（4）清洗擦拭脚垫　脚垫较脏或有顽固污渍时，可用高压水枪冲洗并用龙卷风清洗枪或毛刷结合清洗剂进行作业。但尽量不要用水冲洗皮革类脚垫，用湿毛巾擦拭干净即可，如果是毛绒类脚垫，可以用吸尘器将脏污吸掉。如果实在太脏，在晴天洗车清洗过后要进行脱水，然后放在太阳下晒干，下雨天不容易干，最好不要清洗，如图2-56和图2-57所示。

图 2-56　擦拭脚垫（一）

图 2-57　擦拭脚垫（二）

脚垫清洁完成后，将脚垫放回原来位置，放置前脚垫时可将前排座椅向后移方便放置，放置完前脚垫后，将座椅向前移方便放置后脚垫，脚垫都放置完成后将座椅调整至原来位置，撕掉位置标记条，如图 2-58 和图 2-59 所示。

图 2-58　放置前脚垫

图 2-59　放置后脚垫

4. 检查

清洗完成后，要对清洗质量进行全面检查。检查合格后，方可进行交车。

检查车辆外部应无水滴、虫胶、水痕、尘土，玻璃通透明亮，内饰门边无灰尘、污渍。若有问题，应在质检表上登记，并让施工团队及时返工。清洗后的效果如图 2-60 所示。

质量标准：

1）车漆表面没有水痕、各部件接缝处无污垢水渍。

2）玻璃内外没有水渍、油渍、虫渍和水痕。

3）后视镜呈清晰镜面效果，无水渍、水痕；内饰、仪表台无灰尘，烟缸无烟灰，座椅无灰尘，坐垫摆放整齐、不凌乱，地板无沙粒、灰尘。

4）门边四个门框部位没有水痕、灰尘、污垢等。

图 2-60　清洗后的效果

5）轮毂无污垢，看得到的地方无污垢、水渍。
6）轮胎无泥沙，看得到的地方发出明显光亮。
7）后排气管看得到的地方用手摸应无灰。
8）脚垫清洁后无沙粒、水痕。
9）前面进气栅无水痕，镀铬件明显发亮。
10）行李舱内物品摆放整齐，地垫上无沙粒、灰尘。

六 洗车相关建议

1. 洗车频次最好一周一次

洗车次数不宜过于频繁，否则会加速漆面氧化，如遇到灰尘、泥泞、大雨等天气，过后车主应尽快对车辆进行清洗。同时，若长时间不洗车，空气中的酸性成分和鸟粪、灰尘等有害物质的侵蚀和附着，会加速车漆的老化和损坏。漆面受损也会使车体金属部分因失去保护而氧化，导致车辆较早损坏。因此，建议一周洗一次车。

2. 洗车要选好天气

最好选择一个不冷不热的天气洗车，因为这样的天气既不会因为强光照射而给车漆带来损伤，又不用担心因为阴天而不利于残留水分的蒸发。车辆清洗完毕，最好不要立即开走，应仔细检查和擦拭后再将车辆驶出清洗区。因为车身未干透时，舱盖缝隙、玻璃胶条等处很容易粘附灰尘。

3. 车主自己洗车的注意事项

很多车主选择自己动手洗车，首先应该选择无风清凉处清洗爱车，不要让爱车暴露在烈日下或者风口，其次应该选择正确的洗车工具，洗车前检查洗车工具是否清洁，同时应该掌握必要的洗车技巧，洗车开始时先用清水冲洗爱车车体上的沙子、灰尘等，洗车结束后应该将爱车擦拭干净，擦拭用的毛巾应该同洗车毛巾区分开。

4. 洗车的禁忌

（1）烈日下洗车——伤车漆　很多车主喜欢在烈日下洗车，认为这样洗后很快就能将车身上的水晒干。其实不然，在烈日下洗车，水滴所形成的凸透镜效果会使车漆的最上层产生局部高温现象，时间久了，车漆便会失去光泽。若在此时打蜡，也容易造成车身色泽不均匀，所以洗车打蜡最好是在有遮蔽的条件下进行，如果无法保证，则最好选在阴天或是晴天的早晨、傍晚时分进行。

（2）洗车像洗澡——损空调　夏季天气气温高、灰尘大，车身容易脏，车主洗车的频率也开始上升，很多车主在洗车时也希望像给自己洗澡一样弄得彻彻底底。需要注意的是，一定要保持汽车空调外表的干爽，如果汽车空调不小心被弄湿，会缩短其寿命。

（3）洗车的工具——需慎选　汽车漆面由于长期暴露在空气中，一旦受到损伤，油漆很容易脱落。因此，坚决不能使用塑料刷、普通毛巾、粗布等。

清洗车身时，要用软而清洁的海绵擦洗，因为车身一般都有坚硬的尘泥，如果直接用高压水枪冲洗，无异于让灰尘颗粒在车漆表面做摩擦运动。擦玻璃窗时，则需用专门的玻璃清洁剂，同时要用干净的毛巾擦干，不能晒干。清洗油渍时，应用海绵蘸煤油或汽油轻轻擦拭；擦拭转向盘、灯具等塑料件和橡胶件时，只能用普通的肥皂水清洗，不能用有机溶剂（如汽油、去渍剂和稀释剂等）。

（4）洗车的水温——有讲究　有些车主在结束一天的旅途之后，想在回家之前把爱车清洗干净，这种做法不对。因为汽车在经过一段时间的行驶之后，发动机、底盘都处于高温状态，特别是在炎热的夏季。这时用冷水清洗车身，无异于让一个剧烈运动完毕的人洗冷水澡，其刺激性可想而知。

此外，即便要清洗短时间行驶的车，如果车身在阳光下经过了一定时间的暴晒，立即用冷水洗车，热胀冷缩的特性也容易造成车漆的老化。冬季洗车则更需注意水温，尽量选用温水洗车，这样不仅可以保证车辆的清洗质量，还能有效保护车漆。

（5）洗车的水流——有技巧　从表面来看，洗车只是个简单的体力劳动，似乎没有任何技巧，但洗车的水流是很有讲究的。专业一点的洗车店绝不会一上来就用高压水枪狂喷，一般第一遍先细水慢流，从上往下冲，把车上粘附的灰尘颗粒用水流带走。如果一开始就用高压水枪，那就等于是让灰尘颗粒在车漆表面做"摩擦运动"。

（6）洗涤剂的选择——很重要　洗车最根本的目的是清洗掉汽车的污渍。去污剂基本分为两种：洗衣粉类洗涤剂、专用洗车液。洗衣粉类洗涤剂成本低，见效快，有的人便用洗衣粉类洗涤剂来洗车。洗衣粉类洗涤剂是碱性洗涤剂，对车漆损害很大，如果长期用洗衣粉类洗涤剂洗车，汽车表面就会逐渐失去光泽。专用洗车液是中性的，不会损坏车漆。

第二节　车室清洁护理

车室作为爱车族活动的重要空间，它对人的生理及心理的影响常常被忽略，其中的地毯、座椅、空调风口等经常接触潮湿的空气或水渍，在特定环境中，这些地方最容易滋生细菌使内饰霉变，散发出臭味，不但影响了车室内的空气环境，更重要的是对人的健康产生了威胁。

一、车室清洁护理的必要性和好处

1. 车室清洁护理的必要性

现代车辆注重车身内部的装饰，特别是一些豪华车，装有结构复杂和昂贵的仪表、空调、音响、电视、各类电控装置以及丝绒或真皮座椅等特别舒适。因此要创造一个良好的乘坐环境，保持车内的清洁和做好各项美容和护理工作非常重要，如图2-61所示。

图2-61　车身内部

内饰部分平时受外界油烟、灰尘、泥沙、乘客汗渍及空调循环等不良因素的影响,使车空气受染,内饰中的地毯、真皮或丝绒座椅、空调风口、行李舱等处,经常接触潮湿的空气和水渍,使丝绒发霉、真皮老化,甚至产生难闻的气味,还会滋生细菌。因此,车室清洁护理非常重要,一般每三个月应做一次全套室内专业护理。

2. 内饰美容的好处

汽车行业发展迅猛,人们对车室内的装饰要求也越来越高,车室真皮丝绒座椅、顶篷、仪表板、脚垫、门板等都成了许多车主们汽车美容内饰的内容。做汽车内饰美容有哪些好处呢?

(1)能够美化内饰环境　环境对人会产生重要的生理及心理影响。清馨的空气、宽阔的绿地、整洁的街道,会使人心旷神怡,这是室外城市空间环境美给人的影响。家居装饰、花花草草、盆景书画会使居室舒适典雅。车室作为爱车族活动的重要空间,它对人的心理及生理的影响却常常被大多数人所忽略,没有人对整洁的布置、清新的空气产生抱怨。为了你有一份好心情,千万别忘记美化你的汽车内饰。

(2)拥有健康　汽车内饰中的地毯、座椅、空调风口等经常接触潮湿的空气或水渍,在特定的环境中,这些地方细菌滋生后使内饰霉变,散发出臭味,不但影响室内空气环境,还对乘客健康发出了威胁。汽车内饰美容将会成为您健康的保护神。

(3)延长车辆使用寿命　车室清洁、杀菌、除臭,可以有效地防止各种污物对车室(如地毯、真皮座椅、纤维织物等)的腐蚀,加之使用专门的保护品对塑料件、真皮及纤维制品进行清洁上光保护,可极大延长内饰件的使用寿命。

二 常见的车室清洁护理方法

车室污垢种类与形成过程如下。

1. 污垢的种类

车室污垢主要有以下3种:
(1)水溶性污垢　有糖浆、果汁中的有机酸、盐、血液及黏附性的液体等,如图2-62所示。
(2)固体污垢　有泥、沙、金属粉末、铁锈、虫尸等,如图2-63所示。

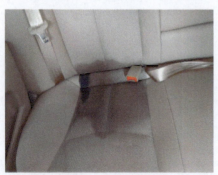

图 2-62　水溶性污垢

图 2-63　固体污垢

（3）油脂性污垢　有润滑油、漆类产品、油彩、沥青及食物油等，如图 2-64 所示。

2. 污垢的形成过程

（1）粘附　污垢会在重力作用下停落或粘附在物件的表面。当有压力或摩擦力产生时，污垢也会渗透物件的表层，变得难以去除，如汽车玻璃及仪表台上的灰尘。

（2）渗透　饮料或污水会渗透物件的表面，被物件所吸收，以致很难清除，如车门内饰板、脚垫上的饮料或血渍等。

（3）凝结　黏性污垢变干凝固后，会紧紧粘贴在物件表面，如汽车内饰丝绒、脚垫或地毯表面上的轻油类污垢。

图 2-64　油脂性污垢

3. 去除污垢的方法

要想有效地清洗污渍，需要 4 个方面的相互配合，才能发挥最佳的清洁效果。

（1）高温蒸汽　可以使极难去除的污垢在清洗之前先软化，为手工清洁部件上的污渍做好准备。

（2）水　用水可去除去水溶性污垢，但不能去除油脂性污垢，而且难以清洁触及不到的内部部件上的水溶性污垢。

（3）清洁剂　能去除轻油脂及重油脂类污垢，帮助水分渗入内饰丝绒化纤制品。

（4）外力　清洗车室内部件时，用力拍打、刷洗、挤压等都有助于去除污垢。

4. 清洗方法

清洗方法按照使用设备的不同分为机器清洗和手工清洗。

（1）机器清洗　机器清洗最大的特点就是使用内饰蒸汽清洗机。配合多功能强力清洁剂，蒸汽清洗机可以清除内饰部件上很难清洗的污渍，利用温度极高的热蒸汽软化污渍，可用于丝绒、化纤、塑料、皮革等几乎所有车室部件的清洗。机器清洗操作起来比较方便，操作时可根据不同材料的部件选择不同的温度，以免损伤部件，并用半湿性毛巾包裹适合内饰结构的蒸汽喷头，如图 2-65 所示。

（2）手工清洗　手工清洗要求配制合适的清洗剂。一般来说，清洗剂应使用负离子纯净水作为溶媒，采用 pH 平衡配方。高效的清洗剂主要由非离子活性剂、油脂性溶解剂、泡沫稳定剂和香料等组成，能迅速去除车室内饰表面的尘垢和各种污渍，如图 2-66 所示。

图 2-65　机器清洗

图 2-66　手工清洗

三 内饰清洁护理

内饰清洁护理的过程主要包括 2 个方面：

（1）室内清洗　首先用清水或清洗剂把门边框、门槛条、门铰链、脚踏板等边沿死角的泥巴、污垢清洗干净。根据不同车型，采用毛巾、麂皮和塑料薄膜对音响区和车载电话等电子电器产品进行安全保护，然后对座椅、顶篷、中控区、仪表台、车门饰板、地毯、行李舱等进行清洗。

（2）上光清洁养护　内饰清洗完毕对车内包括仪表台、中控区、储物盒、储物箱、凹槽、边角、椅缝的尘灰吹除，再用吸尘器把座椅和地毯上的灰尘清除干净，然后对车内进行蒸汽消毒除味，最后对车饰进行上光保护和全车玻璃清洁。

1. 室内清洗

（1）取出前后脚垫及清理物品　取前脚垫前，先将前座椅向后调整；取后脚垫前，先将前座椅向前调整。收拾车内物品时，把车内物品放到客户专用储物箱，并按顺序摆放好，方便完工后归位。若前脚垫不好取出，可以将座椅向后调整，图 2-67 所示是电动座椅向后调整的开关，非电动座椅的调整手柄在座椅的前下方，一般向上扳动后即可进行调整。

1）取出前脚垫，如图 2-68 所示。

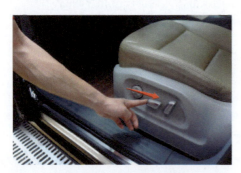

图 2-67　向后调整座椅

图 2-68　取出前脚垫

2）若后脚垫不好取出，可将前面的两个座椅向前调整，如图 2-69 所示。

3）取出后脚垫，如图 2-70 所示。

图 2-69　向前调整座椅

图 2-70　取出后脚垫

4）将车内客户的物品取出，按顺序摆放在客户专用杂物箱内，方便作业完成后物品放回原位，如图2-71所示。

5）取出行李舱中的物品，如图2-72所示。

图2-71　取出车内物品放入客户专用杂物箱中

图2-72　从行李舱中取出车内物品

6）清空后的行李舱，如图2-73所示，不能有任何物品留下。

（2）除泥去垢　用清水或清洗剂把门边、门槛条、门铰链、脚踏板等边沿死角的泥土、污垢清洗干净，如图2-74和图2-75所示。

图2-73　清空后的行李舱

图2-74　清洗门边等部位（一）

（3）安全保护　根据不同车型，采用毛巾、麂皮和塑料薄膜对音响区和车载电话等电子电器产品进行安全保护，如车上的电子电器产品、电动控制开关，一旦潮湿、进水将引起故障或烧毁，如图2-76所示。

图2-75　清洗门边等部位（二）

图2-76　做好安全保护

（4）蒸汽软化污垢　准备蒸汽机、内饰专用毛巾等工具。

1）按需要安装好蒸汽机组件，各类管件接头均为卡扣连接固定，对正方向接入即可，如图 2-77 ~ 图 2-81 所示。

图 2-77　开始组装蒸汽机

图 2-78　在蒸汽枪上连接长枪管

图 2-79　在长枪管上连接转换头

图 2-80　在转换头上安装清洗刷头

2）按蒸汽机使用说明添加规定容量的水（一般为 1 ~ 1.5L），拧紧加注盖。按下蒸汽机电源开关，等待 10 ~ 15min，如图 2-82 ~ 图 2-87 所示。

图 2-81　组装完成

图 2-82　拧开加注口的安全帽

图 2-83　放好漏斗

图 2-84　倒入适量的清水，根据说明书进行加注，一般不超过 1.5L

图 2-85 拧紧加注口的安全帽

图 2-86 插入电源插头

3）扣动蒸汽开关后，蒸汽喷洒头有大量蒸汽喷出时，用毛巾包好前蒸汽喷洒头（防止高温滴水滴落在真皮座椅上产生不良影响）后即可开始使用。在使用过程中，蒸汽机的电源开关应处于打开状态，以免蒸汽减少或中断而影响使用效果。注意：在使用过程中蒸汽机缺水时，不能直接将蒸汽机高压盖打开加水，防止烫伤，需要等水温冷却后再开盖加水，如图 2-88 和图 2-89 所示。

图 2-87 打开主机电源开关、等待约 10min

图 2-88 蒸汽喷出时方可使用

图 2-89 用毛巾包好清洗头，以免滴水

4）用蒸汽机依次将座椅、地板、门板等每个部位进行污垢软化，软化污垢时不要把门关上，要全部打开，不要喷到仪表台、门板按键上，仪表台最好拿毛巾盖住。不可以对着车内电路、顶篷、绒布和 A/B/C 柱门板直接喷蒸汽，防止绒布脱落，如图 2-90～图 2-94 所示。

标准：要正确运用蒸汽机，软化室内污垢。

注意：要开门施工，不能关门喷蒸汽，不能对着顶篷、绒布和 A/B/C 柱门板喷蒸汽，防止绒布脱落。

图 2-90 对座椅软化污垢、杀菌（一）

图 2-91 对座椅软化污垢、杀菌（二）

2. 清洁室内

（1）准备工具材料 内饰专用清洁枪、魔术海绵、牙刷、美容干洗专用水桶、内箱刷、三套（脚套、口罩、头套）、喷壶、内饰清洁套装、内饰专用毛巾。

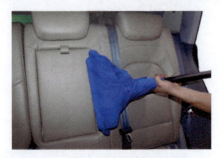

图 2-92 对座椅软化污垢、杀菌（三）

图 2-93 对地板软化污垢、杀菌

（2）内饰清洁顺序 车顶（不要用力清洗，含天窗的车型需打开天窗，把边框清洁干净）→仪表台（不要用魔术海绵清洗，因为仪表台的塑胶、高档车的真皮、经常受紫外线的照射，久了会老化，而魔力海绵的摩擦力太大，很容易会损坏，所以拿化纤毛巾喷上材料擦拭就可以）→转向盘（注意边角位）→座椅（注意有些边缝比较深，要用手扳开来清洗）→门内饰板（注意按键、玻璃降下后的边框）→后平台（丝绒类禁止刷洗）→地板（丝绒类禁止刷洗）。

图 2-94 对地板软化污垢、杀菌完成后关闭主机电源开关并断开电源，开始清洁护理作业

注意：不要将清洁剂喷洒到按键、音响、防爆膜等位置。若座椅真皮有破损、开裂和老化等现象，清洁时需注意施工力度。

（3）清洁步骤

1）将配兑好的清洗剂（清洗剂：水 =1∶6）配合龙卷风清洗枪、毛刷、牙刷、魔力海绵等进行施工，如图 2-95～图 2-99 所示。

使用配好清洗剂的内饰专用清洁枪将室内座椅边角位、空调出风口、角落等地方，清洁干净。

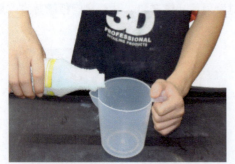

图 2-95 按比例配兑清洗液

图 2-96 先倒原液再倒入清水

图 2-97 配兑好后倒入喷壶

图 2-98 拧紧喷壶盖

2）清洗座椅：汽车座椅主要有丝绒、真皮两种。丝绒座椅的清洗：喷上绒毛清洁柔顺剂稍停留片刻，然后用干净毛巾折叠成方形，或握成柱状，用力挤压污处，再从四周向中间仔细擦拭，直到除去污迹。处理干净后，用另一块干净的棉布顺绒毛方向抹平，使其恢复本来面目。真皮座椅的清洗可以参照以上做法，但真皮的表面有许多细纹，容易吸附污垢。因此，清洗时可用软布结合软毛刷彻底清除细纹中的污垢。

图 2-99 接入压缩空气气管

先用龙卷风清洁枪对缝隙进行清洗，然后喷洒超洁清洗剂到施工座椅上（施工范围约为 40cm×40cm），用手迅速涂抹均匀，配合魔术海绵清洁干净，再用清洁剂配合牙刷刷洗座椅边位。接着使用内饰专用毛巾擦拭干净，按此方法清洁整块座椅完后，将内饰专用毛巾放入准备好的水桶清洗干净（特别脏时，每擦一下清洗一次毛巾），如图 2-100 ~ 图 2-107 所示。

标准：室内边角位和饰件光洁干净、无污渍。

图 2-100 清洗座椅缝隙（一）

图 2-101 清洗座椅缝隙（二）

图 2-102　擦拭椅背

图 2-103　在擦拭过程中，毛巾要多清洗几次

图 2-104　擦拭座椅

图 2-105　将安全带拉出后进行清洁

图 2-106　清洁安全带

图 2-107　擦拭安全带

3）清洗顶篷：汽车顶篷由化纤、丝绒、纯毛（高档车）等材料制成。清洗时，对顶篷材料、纹路、洁净情况的判断是美容技师应具备的能力。顶篷清洗应使用绒毛清洁柔顺剂，从前往后的顺序，先往顶篷喷洒少许绒毛清洁剂、湿润 30s，然后把干净的毛巾折叠成四方形，顺其纹路方向擦拭。如果是特别脏的地方，应反复擦拭。毛巾一定要折叠成四方形，虽然看起来这是个细节，但它对丝绒化纤部分的清洗效果影响很大。因为毛巾揉成一团后，力度不一，效果不一样，如图 2-108～图 2-111 所示。

标准：室内皮革无水印，客户物品摆放整齐。

图 2-108　用泡沫清洁剂清洗天花板等部位

图 2-109　清洁天花板

图 2-110　清洁 A 柱内饰板

图 2-111　擦拭 A 柱内饰板

4）清洗仪表台及中控区：首先应做好除尘工作，同时应注意只能使用绒毛清洁柔顺剂，仪表台通常是一些灰尘和油污，只需喷上一些绒毛清洁柔顺剂用软布进行擦洗就有很好的效果。**注意：防止清洗剂流入仪表的缝隙**。中控区的清洗要格外细心。这个区域边角缝隙特别多，而且是音响、电话、空调等各种控制开关的分布区域。在操作中不许直接对其喷清洗剂，而应把清洗剂喷在毛巾或软布上，轻轻擦拭干净。一些不易下物的角落可用棉签进行清洁，如图 2-112～图 2-115 所示。

图 2-112　用毛刷清洗左边的空调出风口

图 2-113　用毛刷清洗中间的空调出风口

图 2-114　用毛刷清洗右边的空调出风口

图 2-115　清洁仪表台

5）清洗车门饰板：从上到下，注意每一个细节，门边储物盒、门边上的玻璃升降器开关、后视镜开关要先用毛巾擦洗，再用气枪吹干，如图 2-116～图 2-124 所示。

图 2-116　清洗车门饰板（一）

图 2-117　清洗车门饰板（二）

图 2-118　用湿毛巾将清洗过的部位彻底擦拭

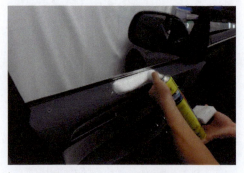

图 2-119　清洗车门饰板（三）

图 2-120　清洗车门饰板（四）

图 2-121　清洗车门饰板（五）

图 2-122　清洗车门饰板（六）

图 2-123　清洗毛巾

图 2-124　用毛巾将清洁过的部位擦拭一遍

6）清洗地毯（地胶）：地毯的清洗首先应用专用刷头的吸尘器进行清洁，然后喷上万能泡沫清洗剂，用毛巾擦拭干净。如果是地胶，则更易清洗，直接喷上全能水，用刷子刷干净即可，如图 2-125 所示。

图 2-125　清洗地毯

7）清洗行李舱：对于绒毛做衬的部分用多功能绒毛清洁柔顺剂清洗，对于皮塑做衬的部分主要采用真皮的清洗方法进行清洗。同时，为了整体效果，应将行李舱边沿、水槽的污垢清洗干净。如有异味，应做异味消除处理，如图 2-126 所示。

图 2-126　清洗行李舱

3. 上光清洁养护

（1）对车内进行吸尘　用吸尘器把仪表台、中控区、储物盒、储物箱、凹槽、边角、椅缝的灰尘吸出，再把座椅和地毯上的灰尘吸干净。

1）接通吸尘器电源，打开吸尘器电源开关，用扁吸头对车内进行吸尘作业，如图 2-127～图 2-132 所示。

图 2-127　接通吸尘器电源

图 2-128　打开吸尘器电源开关（两个开关全部打开）

图 2-129　吸尘作业

图 2-130　吸尘时注意缝隙和角落处，不留死角

图2-131 座椅边缝吸尘

图2-132 行李舱吸尘

2）吸尘完成后，将车内的前后脚垫放回，如图2-133和图2-134所示。

图2-133 放入后脚垫

图2-134 放入前脚垫

（2）臭氧消毒杀菌　由于车辆经常处于封闭与半封闭状态，细菌和异味会吸附在内室的各个角落，会对乘坐人员健康造成危害，臭氧消毒机在有效消除车内异味的时候具有消毒、杀菌作用。

准备臭氧消毒机、大毛巾等工具材料。

打开车内空调（调成内循环），将臭氧输送管从玻璃外侧插入空调出风口，用大毛巾把玻璃漏出的边缝遮盖住，关紧门窗；启动臭氧消毒机进行杀菌除味（15min左右）。然后打开四门通风5~10min即可，如图2-135~图2-137所示。

标准：彻底杀菌、除味。

图2-135 将臭氧输送管从玻璃外侧进入

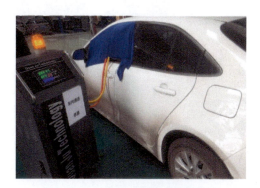

图2-136 大毛巾把玻璃边缝遮盖住

（3）上光保护真皮、塑料　仪表板、转向盘多为塑料和皮革制品，有很多细条纹，总有大量灰尘粘附，比较容易清除。直接使用上光剂处理时，只需轻轻擦拭，即可得到一个干净光亮的表面，同时达到养护的目的。

1）待真皮、塑料件风干后，用上光剂配合海绵均匀涂抹，如图2-138～图2-146所示。

图2-137　插入臭氧输送管

图2-138　在专用海绵上喷适量的上光剂

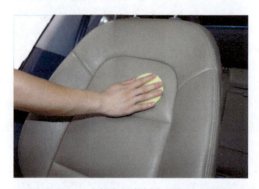

图2-139　对座椅上半部分进行均匀涂抹

图2-140　对座椅下半部分进行均匀涂抹

图2-141　对头枕进行均匀涂抹

图2-142　对仪表台左侧进行均匀涂抹

图 2-143 对仪表台右侧进行均匀涂抹

图 2-144 对车门内饰板上部进行均匀涂抹

图 2-145 对车门内饰板中部进行均匀涂抹

图 2-146 对车门内饰板下部进行均匀涂抹

2）涂抹完 3～5min 后，使用内饰上光专用毛巾将残余的上光剂擦拭，如图 2-147 和图 2-148 所示。

<u>注意：转向盘、换档杆、驻车制动手柄禁止上光。</u>
<u>标准：真皮座椅柔软洁亮，塑料内饰件色泽光亮。</u>

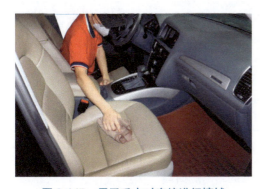

图 2-147 用干毛巾对座椅进行擦拭

图 2-148 用干毛巾对车门内饰板进行擦拭

（4）清洁全车玻璃

1）把半湿润的专用毛巾折成方形，从上往下或从左到右呈直线形擦玻璃内外两侧，如图 2-149 和图 2-150 所示。

图 2-149 折叠毛巾

图 2-150 擦拭前风窗玻璃

2）把干的专用毛巾折成方形，从上往下或从左到右把玻璃抛亮，如图 2-151 所示。

3）如玻璃还没清洗干净，应喷上玻璃保亮剂，重复第二道工序，直到玻璃干净为止，如图 2-152 和图 2-153 所示。

图 2-151 抛亮前风窗玻璃

图 2-152 擦拭前风窗玻璃（一）

4）后风窗玻璃最不方便清洗，又最容易被遗忘。建议两个人配合，一个人擦洗里面，另一个人在外指点，如图 2-154 所示。

图 2-153 擦拭前风窗玻璃（二）

图 2-154 擦拭后风窗玻璃

（5）检查 依次检查天花板、仪表台、中控台、座椅、地板、边角位、门边等部位，借助工作灯或手电筒逐步检查，如有问题，应登记在质检表上，并及时让施工人员返工，如图 2-155 和图 2-156 所示。

注意：检查各项施工有无遗漏；检查车内清洗是否干净、整齐；检查施工工具，是否遗留在车内。

图 2-155　检查车内

图 2-156　检查座椅

（6）物品归位　将接车后登记在册的随车物品或饰品认真地按原样摆放整齐，并确保随车物品或饰品完好无损，如图 2-157 所示。

（7）验收　车辆施工完成后，质检员应对质量进行验收，如图 2-158 和图 2-159 所示。

验收标准：边框无尘、内饰无灰；表里干净、上光均匀；玻璃光亮、气味清新；物品齐全、客户放心。

图 2-157　摆放随车物品

图 2-158　玻璃光亮、气味清新

图 2-159　边框无尘

四　汽车内饰的含义、发展现状及产品

1. 汽车内饰的含义

汽车内饰主要是指汽车内部改装所用到的汽车产品，涉及汽车内部的方方面面，比如汽车

转向盘套、汽车坐垫、汽车脚垫、汽车香水、汽车挂件、内部摆件、收纳箱等。汽车内饰不光只有装饰作用，其功能性、安全性和工程属性非常丰富。

汽车内饰是汽车车身的重要组成部分，而且内饰的设计工作量占汽车造型设计工作量的60%以上，远超过汽车外观，是车身最重要的部分之一。每个整车厂通常都有一个庞大的汽车内饰设计团队来完成与内饰相关的大量工程工作。

车身设计分为造型设计和工程设计。在工程设计当中，白车身的设计工作量最大，其次就是内饰设计，车身外观覆盖件的设计排在最后。

汽车内饰主要包括以下子系统：仪表板系统、副仪表板系统、门内护板系统、顶篷系统、座椅系统、立柱护板系统、其余驾驶舱内装件系统、驾驶舱空气循环系统、行李舱内装件系统、发动机舱内装件系统、地毯、安全带、安全气囊、转向盘，以及车内照明、车内声学系统等。

2. 国内发展现状

广义地讲，内饰不只是内饰件。经调研发现，在一定时期的车主特别讲究内部空间。鉴于多方面原因考虑（经济性、政策引导以实用方便性等），他们倾向于购买的车型外面小、里面大，在一定时期汽车内部空间的重要性上升得非常快。

消费者注重外在感观较多的一方面原因，与我国市场的发展特点有关。消费者如果是首次购车，对用车经验了解不多，他们在乎价格、外观式样、内饰空间、手感和视觉和谐等这些表象的标杆，对配置参数、动力性能等方面，不能说不重视，但了解得不多，缺乏分析判断的能力。

在相当长的一段时期内，对于花费大量精力设计汽车外观的制造商来说，汽车内饰只是一个缺少重视的后续问题。从私人用车市场开始快速增长起，人们才逐渐开始关注汽车内饰，内饰设计也慢慢开始发展。

3. 产品分类

（1）香水系列　汽车香水主要有气雾型、液体型和固体型三种。液体型汽车香水比较常见，液体型汽车香水由香精与挥发性溶剂混合而成，比固体型汽车香水香味要浓，盛放在各种具有艺术造型的容器中，液体型汽车香水可用两三个月以上，但是容易洒漏，尤其是在夏天的时候容易爆瓶。固体型汽车香水主要是将香精与一些材料混合，然后加压成型，这样就从根本上解决了液体风口香水易洒漏的问题。气雾型汽车香水主要由香精及容器组成，它可以覆盖车内某些特殊异味，比如行李异味、烟草味、鱼腥味和小动物体味等，但挥发速度极快，常放在有艺术造型的容器中，可用两三个月。汽车香水美观漂亮，是首选的汽车室内装饰品。

汽车香水和人用香水都能去除异味，相比而言，汽车香水不但能消除车内异味，还能让车内空气更加清新。它散发的味道是淡淡的，不像人用香水那么浓烈。挑选镇定功效较好的汽车香水对行车安全很有帮助，如药草香味、琥珀香味、薄荷香味、果香味和鲜花香味等。

（2）靠枕颈枕系列　汽车靠枕可调节人体与座位接触点以获得更舒适的角度来减轻疲劳，起到保护人体的作用。汽车靠枕也是装饰品，通过汽车靠枕的色彩及质料与周围环境的对比，能使汽车内部陈设艺术效果更丰富多彩。

汽车颈枕采用棉质材料，安装于座椅颈部位置，既是汽车装饰用品，又可提供颈部支持，可消除行车疲劳。颈枕适合于长途驾驶时使用，可以使驾驶人头部调整 15°～20°，避免颈静脉的压迫，有利于安全驾驶。

（3）挂件

1）美观类。美观类汽车挂件是一种文化，往往寄托一些祝福与期待，体现车主的个性与审美，同时与车内装饰协调搭配。它应小巧精致，不影响行车视线；主体部分不宜过长，以避免减速时撞击到玻璃；又能在行车时轻微晃动，有的还能发出轻微的声音，能很好地提醒驾驶人，增加安全保障。

2）功能类。功能类汽车挂件拥有美观类汽车挂件的美观性，能够给车主的汽车内部装饰起到画龙点睛的作用，更能体现出车主的品位。功能类汽车挂件还具有一定的功能性，就像汽车挂香一样，能够拥有汽车香水的作用，具有杀菌除异味的功能，缓解车主的驾驶疲劳。

（4）汽车脚垫　汽车脚垫吸水、吸尘、去污，可以有效防止鞋底残留的水分、脏物造成的与离合器踏板、制动踏板和加速踏板间的滑动，避免安全隐患，降低内饰被污染和损坏的可能性，毕竟清洗脚垫比清洗内饰更方便、更经济。厚实的底材可以隔离底盘噪声和轮胎噪声，提高驾驶舒适性。绒面类汽车脚垫还可以将剩余的噪声和车内音响回声等彻底吸附干净，保护听觉不受损伤。

（5）转向盘套　转向盘套不仅可使转向盘免受磨损，而且可增加手感和摩擦力，防止手心出汗打滑，进而增强车行驶时的反应灵敏度和安全性，还能起到减少吸收振动的作用。转向盘套有很强的装饰性，可使汽车内部整体显得更加时尚。

（6）其他

1）置物盒：是放置汽车杂物的盒子，汽车置物盒是汽车美容养护不可缺少的助手。汽车置物盒在市面上已经十分普遍，它成本低、受益广，适合大众使用。

2）纸巾盒：是提供一种使用方便，并且能够保证纸巾不受外界污染的盒子。其结构包括一个底面不封闭的盒体、一个用于密封盒体底面的底座。

第三节　发动机舱清洁护理

发动机舱只有在打开舱盖后才能看见，关闭舱盖后，无论里面多脏都不影响车辆的整体美观，那还有必要对舱内进行清洗吗？答案是"非常有必要"。其实，发动机舱的保养比车身的清洗更重要。发动机舱若有污垢，将会影响行车安全，发动机舱的清洁程度也决定了车辆的安全程度，所以适时地对发动机舱进行清洁护理还是很有必要的。发动机舱清洁干净后，哪里有渗漏、开裂或老化等，一目了然。

发动机舱过脏的影响

据不完全统计，90% 的汽车自燃事故由发动机引起。自燃事故多由线路短路、漏油造成，发动机平时运转在相对封闭的舱内，会产生超过 100℃ 的高温，夏天时温度更高。如果不定期保养发动机舱，发动机外部元件会产生腐蚀、生锈、老化、龟裂等现象，降低发动机的散热性

能，增加油耗，特别是在夏季高温天气时。发动机舱内油垢、灰尘也特别多，其附着的线路、油管容易老化、破损，一旦短路会迅速引发火灾。清洗发动机舱不仅是为了美观，更是为了排除安全隐患。

一 发动机舱清洗及护理用品的作用

1. 发动机舱清洗的作用

1）全面清洗发动机外部及整个发动机表面，如线路表面、塑料件、橡胶件、蓄电池接头、外露金属部分等，可以使发动机产生的热量快速散发。

2）在发动机舱表面涂一层保养剂，使发动机表面不容易沾灰尘和油污，而且便于清洗。

3）保护发动机舱内的线路、油管，防止橡胶件老化、开裂，防止金属生锈。

4）减少酸雨等腐蚀性物质对发动机外部元件的损伤，延长其使用寿命。

2. 护理用品的作用

发动机舱护理时，需要使用塑料上光剂和液体护理上光剂。

1）塑料上光剂：对塑料件上光增亮，无须兑水，直接使用。

2）液体护理上光剂：喷涂在发动机舱橡胶件、塑料件和金属件上，起到增光、驱水、防油等作用，对发动机性能没有副作用。相反，干净整洁的发动机舱还会延长发动机的使用寿命。

二 发动机舱清洗

发动机舱的清洗过程包括机舱电器元件的遮蔽、发动机舱的清洗、发动机舱上光护理三个方面。

1. 机舱电器元件的遮蔽

发动机舱内有很多非常精密的电器元件，例如点火圈、熔丝盒、发电机、线束接头等电器元件，虽然做过一些防水处理，但是并不完善，经不起高压水枪的冲洗。

2. 发动机舱的清洗

汽车发动机舱内线路、管道长时间使用后，会沉积非常多的灰尘和杂物，为了防止发动机散热不好引起的自燃，必须对发动机舱表面、线路表面、塑料橡胶等部分进行清洗，这样可以让发动机快速地散热，起到保护发动机舱内线路、管道的作用。

3. 发动机舱上光护理

发动机舱清洗完后，我们还差最后一步，也是最重要的一步——发动机舱上光护理。发动机舱上光护理剂也称为线束护理剂，可以用其他产品来代替，比如表板蜡，但是表板蜡比较黏，喷上后会粘上很多灰尘，看起来反而更脏，所以很少会使用表板蜡对发动机舱进行护理。

四 发动机舱清洗的具体介绍

1. 开启发动机舱盖

打开车门，扳动发动机舱盖释放开关，不同车型的发动机舱盖释放开关在不同的位置，所以打开的方式也不同，如图 2-160 所示。

如图 2-161 所示，拨开发动机舱盖的第二级锁钩，将发动机舱盖打开，打开后用支撑杆支好。如果是自动支撑杆，则不需要手动去支撑。然后用高压气枪吹干净舱内的灰尘、杂质和异物，方便清洗发动机舱。

图 2-160 扳动发动机舱盖释放开关

图 2-161 拨开发动机舱盖的第二级锁钩打开发动机舱盖

2. 遮蔽防护

准备工具材料：遮蔽膜、毛巾、美纹纸。

对左右翼子板、车头、前风窗玻璃进行遮蔽防护，对舱内重要的电器件（如电控单元、熔丝盒、电线插接件部位等）进行遮蔽防护。若发动机上方有装饰罩，则应先将装饰罩取下。对发动机舱的电器元件进行遮蔽防护，可以有效防止在清洗时造成电器元件短路导致损坏。

对发动机舱的周边非作业区域进行遮蔽防护，如图 2-162 所示。

遮蔽右翼子板时，要确保美纹纸粘贴牢固（美纹纸一半贴在遮蔽膜上，另一半贴在车身上），防止遮蔽膜在作业时脱落，如图 2-163 所示。

图 2-162 进行遮蔽防护（一）

图 2-163 进行遮蔽防护（二）

遮蔽车头时,应先对前保险杠以及前照灯等部位进行遮蔽,检查是否遮蔽完全,如图2-164所示。

遮蔽左翼子板时,应确保美纹纸粘贴牢固(美纹纸一半贴在遮蔽膜上,另一半贴在车身上),防止遮蔽膜在作业时脱落,如图2-165和图2-166所示。

遮蔽前风窗玻璃,外部遮蔽作业完成。遮蔽完成后,要检查遮蔽是否到位,有没有遗漏的地方,如图2-167所示。

图 2-164　进行遮蔽防护(三)

图 2-165　进行遮蔽防护(四)

图 2-166　进行遮蔽防护(五)

现在很多车型为了发动机舱的美观,都设计有塑料装饰罩,发动机装饰罩一般采取卡扣固定,用力向上扳动即可拆下,如图2-168所示。有的车型是用螺栓固定,需要使用工具进行拆卸。

图 2-167　外部遮蔽完成

图 2-168　拆卸发动机装饰罩

注意: 拆卸下来的螺栓应放置好,方便在清洗发动机舱完成后安装。

用毛巾或遮蔽膜对机舱内裸露在外的电器件(电控单元、熔丝盒、蓄电池、发电机和节气门传感器等)进行遮蔽防护。如果是用毛巾遮蔽,则需要用两条毛巾进行遮蔽。对发动机舱的电器元件进行遮蔽防护,可以有效防止在清洗时造成电器元件短路,如图2-169所示。

发动机舱内遮蔽完成后,要检查遮蔽是否到位,有没有遗漏的地方,如图2-170所示。

图 2-169　对电器元件进行遮蔽防护　　图 2-170　发动机舱内遮蔽完成

3. 清理表面污垢等

清理掉明显的污垢、浮尘、杂物等，然后用常压自来水把所有区域冲洗一遍。禁止使用高压水枪清洗发动机舱。因为发动机舱里有许多电线和电子元件，如果使用高压水枪进行清洗，一不小心就会造成电器元件进水。

使用常压自来水清洗发动机舱盖上的隔热棉，如图 2-171 所示。

注意：发动机舱盖上的隔热棉不能使用高压水枪清洗。

使用常压自来水冲洗发动机舱内部各处，如图 2-172 所示。

注意：清洗发动机表面时，其温度不能太高，应在发动机冷却至常温后进行。如果在发动机温度高的时候清洗，发动机突然遇冷，可能导致缸体变形甚至开裂。在高温下冲洗会产生大量水蒸气，将对电路产生不良影响。

4. 深度清理污垢

准备工具材料：大力神清洗剂、重油污清洗剂、海绵、牙刷、长柄刷等。

使用大力神清洗剂配合龙卷风清洗枪往返在发动机表面清洁。对比较顽固的污垢，可使用重油污清洗剂均匀喷洒于发动机表面，3~5min 后用海绵或刷子擦洗，按发动机舱盖→发动机表面→发动机表面细节→发动机深层顺序清洁。

图 2-171　清洗发动机舱盖上的隔热棉

图 2-172　清洗发动机舱内部

注意：仔细观察，针对细节边缝等前期没有清洗到位的污垢，配合牙刷进行擦洗。施工时不要损坏发动机管路、接头等部件。

按说明书比例调兑清洗液，在量杯内倒入大力神清洗剂原液，如图 2-173 所示。如果比例不正确，会影响清洗效果；如果大力神清洗剂过多，严重时会对发动机舱某些部件造成腐蚀。

倒入清水。按照产品说明书上面的比例进行配比。如果还有顽固污垢，可再加大比例重新进行配比，如图2-174所示。

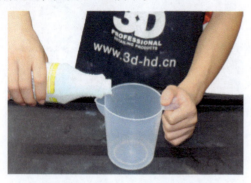

图2-173　倒入大力神清洗剂原液

图2-174　倒入清水

清洗液兑好比例后再倒入喷壶。喷壶内的清洗液不要装得过多，以免在安装喷壶盖子时溢出造成浪费，如图2-175所示。

安装并拧紧盖子，摇晃一下，使清洗液混合更均匀，清洗效果更好，如图2-176所示。

图2-175　将清洗剂倒入喷壶

图2-176　清洗剂调配完成

接上压缩空气软管，如图2-177所示。

清洗发动机舱盖隔热棉，如图2-178所示。清洗作业时，要反复进行清洗。

图2-177　接上压缩空气软管

图2-178　清洗发动机舱盖隔热棉

清洗发动机舱。对比较脏的部位要进行重点清洗，不要有遗漏，发动机舱盖也需要进行清洗，如图2-179所示。

将能够用喷枪清洗的位置全部清洗一遍，如图 2-180 所示。

图 2-179　清洗发动机舱（一）

图 2-180　清洗发动机舱（二）

喷洒清洗剂，喷洒过后，等待 3～5min 使清洗剂溶解污渍后再进行清洗，针对喷枪无法清洗的位置或比较顽固的污渍，可用毛刷结合清洗剂进行刷洗，如图 2-181 所示。

发动机下方因为龙卷风清洗枪清洗不到，可用长柄刷进行清洗，如图 2-182 所示。

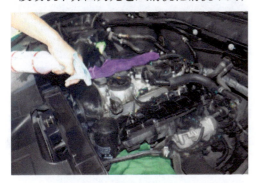

图 2-181　清洗发动机舱（三）

图 2-182　用长柄刷进行清洗

发动机进气歧管金属件和塑料件的部位很容易粘上油泥，而且很难清洗掉，需要用刷子进行清洗。一些狭小的部位（如发动机进气歧管、翼子板边缘、发动机边缘等）可用牙刷进行清洗，如图 2-183 和图 2-184 所示。

图 2-183　使用牙刷清洗翼子板边缘

图 2-184　使用牙刷清洗发动机边缘

注意：发动机舱的所有缝隙都必须清洁干净。

清洗完成后，用常压水将各处冲洗干净，确保没有污渍、泡沫。如果发动机舱内还有污渍残留,需要再次进行清洗,直至清洗干净。污垢溶解后,如果不及时进行冲洗,等到污垢风干后还会重新附着在发动机舱内各个零部件上,所以在污垢风干之前,要使用常压水将其冲洗干净,如图2-185所示。

5. 吹干残留水渍

准备工具材料:吹尘枪、毛巾。

先使用发动机专用毛巾将发动机舱盖、发动机表面的水擦干,接着使用吹尘枪将各部位吹干(特别注意传感器、电控单元、发电机、电路接口等部位),再用毛巾擦拭,待其自然风干。

将吹尘枪接上压缩空气软管,如图2-186所示。

图2-185 使用常压水冲洗发动机舱

图2-186 将吹尘枪接上压缩空气软管

使用吹尘枪将发动机舱内各部位的水渍吹干,如图2-187所示。必要时,可以使用毛巾配合吹尘枪使用。

注意:传感器、电控单元、发电机、电路接口等部位必须完全风干,不能有任何水迹残留。

对传感器、电路接口等比较容易残留水迹的位置进行吹干时,要从不同方向反复吹干,如图2-188所示。

图2-187 吹干发动机舱内的水迹

图2-188 吹干发动机上残留的水迹

对孔位缝隙等比较容易残留水迹的位置进行吹干时,要从不同方向反复吹干,如图2-189所示。

将发动机舱内各处表面完全风干后,才能进行养护作业。如果在还没有完全风干的情况下进行养护作业,肯定会影响养护效果,护理剂无法起到保护作用。

6. 喷涂上光

准备工具材料:喷枪、上光护理剂。

第二章　汽车清洁护理

施工前，将喷枪清洗干净，再将喷枪调试成雾状，对舱内均匀喷洒上光剂，随后起动发动机，运行 3～5min 烘干，再用干毛巾擦干即可。为达到最佳效果，可在 15min 后再重复施工一次。将液态养护上光剂倒入喷枪喷壶后接上压缩空气软管，如图 2-190 所示。

图 2-189　吹干孔位缝隙内的水迹

图 2-190　将喷枪接上压缩空气软管

将喷枪调试成雾状后开始喷涂上光剂，如图 2-191 所示。
为发动机舱内各机件和塑料件表面喷涂上光剂，如图 2-192 所示。

图 2-191　开始喷涂上光剂

图 2-192　正在喷涂上光剂

喷涂时，走枪的速度要适中，不要喷得太快。如果走枪过快，会导致喷涂不均匀，影响护理效果；如果喷涂过多，则可能使电器元件损坏，如图 2-193 所示。

标准：走枪速度均匀，发动机舱表面光滑。
注意：严禁将护理剂喷洒到汽车各传感器表面，防止损坏汽车传感器。
喷涂完成后，将发动机装饰罩装上，确保安装牢固，如图 2-194 所示。

图 2-193　均匀喷涂上光剂

图 2-194　安装发动机装饰罩

77

对发动机装饰罩喷涂上光剂，如图 2-195 所示，完成后放下发动机舱盖，起动发动机，运行约 5min 使发动机各部件与上光剂充分结合后熄火，打开发动机舱盖。

发动机起动时间不宜过长，否则发动机舱内温度过高会导致上光剂被彻底烘干，上光剂被彻底烘干得过快会在部件表面残留下不均匀的痕迹。

注意：发动机起动时间不宜过长。

使用干净的干毛巾将刚刚喷涂上光护理剂的部位处轻轻擦拭一遍，如图 2-196 所示。

图 2-195　对发动机装饰罩喷涂上光剂

图 2-196　擦拭喷涂上光剂的部位

7. 检查

施工完成后要进行检查，检查有无遗漏部位。如果有遗漏部位，则返工处理。

对比施工前后的效果，施工前如图 2-197 所示，施工后如图 2-198 所示。

注意：发动机舱内各部位应无污垢残留，各机件和塑料件外表面应光亮。

8. 去除遮蔽防护膜

将车辆上的遮蔽防护膜全部去除，对施工质量认真检查和确认，消除施工疏忽。若有问题，应在质检表上登记，并让施工团队及时返工处理，如图 2-199 所示。

图 2-197　施工前效果

图 2-198　施工后效果

五 发动机舱清洗的误区

误区1：发动机舱不清洗也没事

发动机舱最好定期清洗，因为时间长了太脏就容易引起线路老化，很可能会发生自燃，所以定期清洗是有必要的。

误区2：发动机舱用高压水枪直接清洗

千万不可用高压水枪直接对发动机舱进行清洗，因为高压水枪的压力很大，容易导致发动机线路和电器元件进水，进水后可能会引起加速不良、发动机抖动甚至无法起动等故障出现。

图 2-199　检查施工质量

第三章
汽车美容维护

第一节　车室臭氧杀菌消毒

随着经济的发展和生活质量的提升，为了更便捷地出行，私家车进入了千家万户。自家有车的确方便了出行，但长时间不清洁会对乘员的身体造成伤害。有数据显示，一段时间不做清洁的汽车，车内空气中有毒气体的含量是大气的几十倍。

一　车室环境对驾乘人员的影响

汽车内饰中的地毯、座椅、空调等常常接触潮湿的空气或水渍，容易滋生细菌使内饰发生霉变，并散发出异味。这样会影响车室的空气质量，还会对乘员身体健康造成威胁。

车内空气污染会使人产生头晕、恶心、咳嗽等症状，影响人的心情与注意力，长期在细菌滋生的环境中会引起人体不适甚至生病。

二　车室杀菌消毒的好处

1. 内饰消毒

内饰消毒的作用是杀菌、除臭、清洁、保护，营造舒适健康的驾乘环境。

2. 臭氧杀菌

臭氧具有很强的氧化性和杀菌效果，是一种广谱杀菌剂，可杀灭细菌繁殖体和芽孢、病毒、真菌等，并可破坏肉毒杆菌细胞。臭氧在水中的杀菌率比氧气高 3000 倍。同时，臭氧也有除异味的功能，以臭氧的强氧化性为原理，可氧化空气中的有机物，以达到净化空气的目的。臭氧还可以通过氧化反应有效去除有毒气体（如 CO、NO、SO_2 等）。

臭氧杀菌是汽车杀菌消毒比较好的选择之一。汽车臭氧消毒可以消灭空气中多种病毒和细菌，彻底清除异味，提供一个舒适健康的车内空间。通过一个能迅速产生大量臭氧的汽车专用消毒机，使车内的臭氧达到规定浓度，完全能够达到快速杀灭细菌病毒、消除车内异味的效果，并且使用臭氧杀毒不会产生任何对人体有害的物质。臭氧杀菌消毒后很快就分解成氧气，因而不会对汽车造成二次污染。消毒后，车舱里会留有一些臭氧气味，只要将车窗打开通风一段时间气味即可消失。现在也有很多便携式车载臭氧机，使用很方便。

三　车室臭氧杀菌消毒

车室臭氧杀菌消毒的操作主要包括两个方面：

（1）臭氧消毒杀菌　首先，对空调系统进行消毒。将臭氧消毒机管路从玻璃边缝中穿过去接在空调进风口处，然后起动发动机，开启空调，将空调循环模式设置为内循环，然后用毛巾盖住玻璃缝隙。等待 10~20min 后，去除消毒机管路、关闭空调和发动机。之后进行内室杀菌，无需起动发动机，直接进行消毒即可。

（2）对驾乘室除异味　首先，将消毒剂按照使用说明进行稀释，并倒入蒸汽机进行加热，使其成为高温雾气。然后对车内中控台、仪表板等部位进行防护，打开蒸汽枪开关放入车内进行高温雾化消毒。消毒完成后，打开车门取出防护，然后对车窗玻璃、前风窗玻璃座椅等擦拭。擦拭完成后，即可交车。

1. 臭氧消毒杀菌

（1）车身清洗　在做车内臭氧消毒杀菌项目之前，首先要将车身清洗一遍，除去车身上的灰尘、污物和杂质。

（2）内饰清洁护理　然后对汽车内饰进行清洁护理。

（3）空调系统消毒　准备工具材料：臭氧清洗除臭机、毛巾。

起动发动机后，开启车内空调，关闭门窗（前门一侧玻璃留缝以便臭氧输送管进入），将空调调至内循环模式，将臭氧输送管插入空调内循环进风口，用毛巾把玻璃边缝遮盖住，起动臭氧消毒机，设置时间（一般为 10~20min）进行消毒杀菌。臭氧消毒机自动停机后抽出输送管，空调继续运转 5min 后将发动机熄火，打开所有车门、行李舱，通风 5~10min。

1）起动发动机，发动机处于怠速运转状态，如图 3-1 所示。

图 3-1　怠速运转状态

2）空调开启后，开启空调内循环，如图 3-2 和图 3-3 所示。

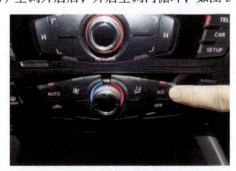 

图 3-2　开启空调　　　　　　　　　　图 3-3　开启空调内循环

3）对空调系统进行消毒前，要按下玻璃升降开关（玻璃升降开关因车型不同，按钮位置也不同）将车窗玻璃降下一点点，以便于将臭氧输送管放入车内，如图3-4和图3-5所示。

图3-4　按下玻璃升降开关

图3-5　降下车窗玻璃

注意：玻璃降下的缝隙只需要满足臭氧输送管的进入条件便可，不宜过大。

4）将臭氧输送管通过车窗玻璃边缝放入车内（前门），如图3-6所示。

5）打开车门，将臭氧输送管插入空调内循环进风口，并将其固定住，以免脱落，如图3-7所示。

图3-6　放入臭氧输送管

图3-7　将臭氧输送管插入空调内循环进风口

6）使用毛巾把用来放进臭氧管的车窗缝隙盖住，可以防止在消毒空调系统时，臭氧气体顺着车窗缝隙排出而影响消毒效果，如图3-8和图3-9所示。

图3-8　遮盖车窗缝隙

图3-9　遮盖完成

注意：毛巾要对车窗玻璃缝隙全部覆盖不能有遗漏部位。

7）将臭氧消毒机电源插头插入插座（使用插座时，必须避免用湿的手去插拔插头，因为这样非常容易发生触电事故），接通臭氧消毒机电源，如图3-10所示。

8）打开臭氧消毒机电源开关，如图3-11所示。

图 3-10　接通臭氧消毒机电源

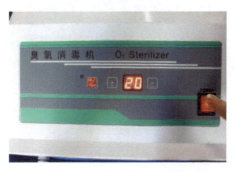
图 3-11　打开臭氧消毒机电源开关

9）臭氧消毒机面板上有"+""-"按键，按下"+"或"-"按键可增减消毒运行时间，一般为10~20min，如图3-12所示。

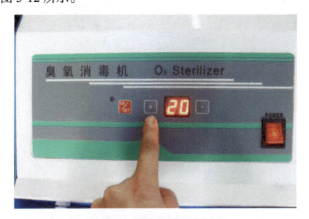
图 3-12　增加消毒运行时间

10）按下启动开关，开始进行空调系统臭氧消毒，如图3-13所示。

11）等待臭氧消毒机的工作时间到达设定值，自动停机后，空调系统消毒完成，如图3-14所示。

图 3-13　按下启动开关

图 3-14　等待消毒完成

12）取下遮盖玻璃缝隙用的毛巾，如图3-15所示。

13）取出臭氧输送管，如图3-16所示。

图 3-15　取下遮盖毛巾

图 3-16　取出臭氧输送管

14）空调继续运转 5min 后，将发动机熄火，打开所有车门、行李舱，通风 5～10min，如图 3-17 所示。

图 3-17　打开所有车门

（4）驾乘室消毒　发动机不用起动，关闭门窗（后门一侧玻璃留缝以便臭氧输送管进入）空调调至内循环模式，将臭氧输送管放在室内中央，用毛巾把玻璃边缝遮盖住，启动臭氧消毒机，设置时间（一般为 10min）进行消毒杀菌。臭氧消毒机自动停机后，抽出输送管，打开所有车门、行李舱，通风 5～10min。

1）对驾乘室消毒进行消毒前，先将后车窗玻璃降下一点，以便于臭氧输送管放入车内，如图 3-18 所示。

注意：玻璃降下的缝隙只需要满足臭氧输送管的进入条件便可，不宜过大。

2）将臭氧输送管从后门车窗缝隙处放入车内中央，如图 3-19 所示。

图 3-18　放下车窗玻璃

图 3-19　放入臭氧输送管

3）使用毛巾把用来放进臭氧管的车窗缝隙盖住，可以防止在对驾乘室进行消毒时，臭氧气体顺着车窗缝隙排出而影响消毒效果，如图3-20所示。

4）与前面的操作相同，但不要起动发动机，开启臭氧开关后待其消毒完成即可。消毒10～20min，如图3-21所示。

图3-20 遮盖车窗缝隙

图3-21 遮盖完成

注意：毛巾要对车窗玻璃缝隙全部覆盖，不能有遗漏部位。

5）等待臭氧消毒机的工作时间到达设定值，自动停机后，消毒完成。取下遮盖玻璃缝隙用的毛巾，如图3-22所示。

6）从后门车窗缝隙处取出臭氧输送管，然后关闭臭氧消毒机电源开关并断开电源连接，如图3-23所示。

图3-22 取下遮盖毛巾

图3-23 取出臭氧输送管

7）打开所有车门、行李舱进行通风，5～10min后关闭，消毒作业完成，如图3-24所示。

2. 对驾乘室除异味

1）将除味剂与水按比例调兑好后，加入蒸汽清洗除臭机内，拧紧加注口盖子。

① 准备好除味剂和量杯，如图3-25所示。

图3-24 打开所有车门

图3-25 除味剂和量杯

② 倒入除味剂原液，如图3-26所示。
③ 按说明书比例倒入清水配兑，如图3-27所示。

图3-26　倒入除味剂原液

图3-27　倒入清水

标准：兑水比例正确。
注意：不能原液使用，必须兑水使用。

④ 将配兑好的除味剂通过漏斗倒入蒸汽消毒机内，拧紧蒸汽消毒机安全帽，防止加热时蒸汽机内的除味剂因沸腾而流失，如图3-28所示。

2）将蒸汽机放在美容工具车上，接通电源后开启蒸汽机开关进行预热，预热5～10min，后开启蒸汽开关，使蒸汽充满驾乘室。在除异味过程中，门窗要全部关闭（后门一侧玻璃留缝以便蒸汽管进入，用毛巾遮盖缝隙），等待10～15min。

图3-28　将除味剂倒入蒸汽机

① 安装高压蒸汽喷头，如图3-29所示。
② 高压蒸汽喷头安装完成后，检查有无松动，以免在使用时喷头脱落，如图3-30所示。

图3-29　安装喷头

图3-30　安装完成

③ 将蒸汽机电源插头插入插座（使用插座时，必须避免用湿的手去插拔插头，因为这样非常容易发生触电事故），接通蒸汽机电源，如图3-31所示。

④ 打开蒸汽机电源开关，预热5～10min，如图3-32所示。

⑤ 使用毛巾对车内仪表板、中控台开关、换档手柄、门控锁、空调进风口、车内后视镜等位置遮盖好，如图3-33所示。

图 3-31　接通电源　　　　　　　　图 3-32　打开电源开关

标准：各部位遮蔽到位，没有任何遗漏。
注意：如果不防护会使得高温雾气在接触冷气时会从气体变成液体（水珠），从而进入仪表板、中控台等电器元件内导致损坏。

⑥ 按下蒸汽喷枪开关，观察喷头的蒸汽排出量，当喷头有大量蒸汽喷出时即可使用，如图 3-34 所示。

图 3-33　遮盖完成　　　　　　　　图 3-34　按下蒸汽喷枪开关

标准：雾化，无水珠喷出。
注意：因为是高温雾气，所以观察时不能正对着喷头。

⑦ 将蒸汽枪通过后车门窗玻璃缝隙放入车内后座上，如图 3-35 所示。
注意：放置蒸汽枪时，蒸汽枪管路不能触碰到漆面，以免造成划痕。

⑧ 要用湿毛巾包裹好蒸汽机管路，座椅上要铺垫湿毛巾，蒸汽枪放在湿毛巾上，不要与座椅直接接触，防止蒸汽枪因高温而对座椅造成损坏，如图 3-36 所示。

 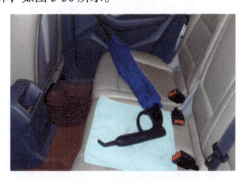

图 3-35　放置蒸汽枪　　　　　　　图 3-36　放置完成

标准：蒸汽枪放置在毛巾上，管路用湿毛巾包裹严实。

⑨开启蒸汽枪时，喷头会有少量的水喷出，要用毛巾进行遮挡，如图3-37所示。

注意：蒸汽枪一定要放置在毛巾上，以免损坏座椅。

⑩将蒸汽枪的扳机扳到底后，按下锁机，让其保持在常开状态，使雾气充满整个车内，如图3-38所示。

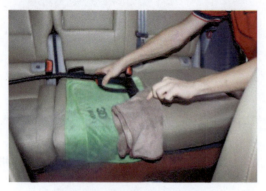
图3-37 使用毛巾进行遮挡

图3-38 按下锁机

⑪使用毛巾遮盖玻璃缝，防止雾气从玻璃缝流出，如图3-39所示。

注意：用毛巾对车窗玻璃缝全部覆盖，不能有遗漏部位。

⑫开始蒸汽消毒除味，关闭车门，10～15min后开门，关闭蒸汽枪扳机，断开蒸汽机电源，停止除味，如图3-40所示。

图3-39 遮盖完成

图3-40 开始蒸汽消毒除味

注意：雾气不要直接喷在座椅或其他物体上，以免高温雾气损伤座椅，要调整好喷头的喷出角度。

3）打开所有车门，断开蒸汽清洗除臭机电源，拿出蒸汽枪。

①取下遮盖玻璃缝的毛巾，如图3-41所示。

②取出蒸汽枪，如图3-42所示。

注意：取出蒸汽枪时，因高温雾气会使枪体发热，小心烫伤。

③打开车门，取下车内仪表板、中控台、换档手柄、门控锁、空调进风口等位置的遮盖毛巾，如图3-43所示。

④取下车内后视镜上的遮盖毛巾，如图3-44所示。

图 3-41 取下遮盖毛巾

图 3-42 取出蒸汽枪

图 3-43 取下车内的遮盖毛巾（一）

图 3-44 取下车内的遮盖毛巾（二）

4）对汽车内饰、玻璃等部位进行清洁擦拭，完成后关闭车门。

① 使用玻璃擦拭专用毛巾擦拭车窗玻璃上的水渍，如图 3-45 所示。

② 擦拭前风窗玻璃上的水渍，如图 3-46 所示。

图 3-45 擦拭车窗玻璃上的水渍

图 3-46 擦拭前风窗玻璃上的水渍

③ 使用内饰擦拭专用毛巾擦拭中控面板上的水渍，如图 3-47 所示。

④ 擦拭座椅上的水渍，如图 3-48 所示。

⑤ 擦拭车门内饰板上的水渍，特别是门控开关位置，一定要擦拭干净，以免损坏车门、门控开关，如图 3-49 所示。

图 3-47 擦拭中控面板上的水渍

图 3-48 擦拭座椅上的水渍

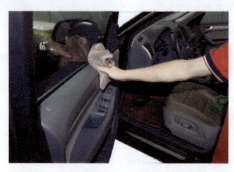
图 3-49 擦拭车门内饰板上的水渍

标准：全车内饰无水渍残留。

5）检查车内空气应清新无异味，内饰、玻璃上没有水渍，如图 3-50 和图 3-51 所示。

图 3-50 检查前排空间施工质量

图 3-51 检查后排空间施工质量

四 车室消毒误区

车内抽烟、吃零食、人员进出等都是滋生病菌的诱因。加上甲醛、苯等有害气体的残留，一旦人长时间处于这种狭窄密闭的车厢内，肝、肾、呼吸系统、造血器官、免疫功能等都会受到严重影响。美国一项检测发现，车内共有 100 多种挥发性有机化合物。其中，相当一部分都属于致癌物。因此，室内消毒工作刻不容缓，但是大部分车主对于室内消毒这一概念还存在着严重的误区。

误区一：新车不用消毒

新车出厂后 6 个月内，是各种有毒气体释放的高峰期。在国外，新车一般都会放置一段时间后再使用。但是在国内，人们通常是一买来车就使用，未经消毒处理，就大胆地跟毒气进行亲密接触，其后果可想而知。

误区二：没有异味就不用消毒

病毒≠异味，很多病毒是无色无味的。当异味形成的时候，说明室内异味情况已经到了很严重的地步。如果不加以抑制，很可能就会导致呼吸道感染等疾病。

误区三：汽车美容店的室内消毒没作用

调查研究发现，在没有经过消毒处理的汽车内饰，车主很容易就会犯困，无精打采，脑袋昏昏沉沉。时间一久，就容易形成亚健康。都市的生活节奏快，这些细节很容易被忽视，慢慢就会对健康造成影响。对于老人、孕妇、小孩等抵抗力较弱的人群而言，坐在未消毒的车内，生病的概率更大。

误区四：消过毒之后，就不用再消毒

汽车消毒跟洗车是一个道理：洗干净之后，过一段时间，车脏了，是不是还得洗呢？消毒也是一样，把细菌杀死之后，过段时间，又有新的细菌滋生，就必须再次消毒。不用太频繁，建议每个月做一次就行。

误区五：香水可以消毒

当车内有异味时，很多车主的第一反应就是喷香水，但是这种方法只能掩盖异味，没有任何消毒作用。

五　车室消毒的方法

第一种是用 84 消毒液进行汽车室内杀毒

我们常用 84 消毒液来给家里消毒，而 84 消毒液也同样可以给车内消毒，用水稀释后用喷洒或者擦拭的方式进行消毒。当然像可以拆卸下来用水洗的东西，可以浸泡在 84 稀释液中进行杀毒。

第二种是过氧乙酸进行汽车室内杀毒

使用过氧乙酸进行杀毒与使用 84 消毒液进行杀毒不同之处是，过氧乙酸消毒一般采用喷洒法，因为过氧乙酸有腐蚀性，所以要用水稀释后，带着橡胶手套，戴着口罩进行杀毒。此外，过氧乙酸对金属有一定的腐蚀性，所以在消毒时应该将汽车内部的金属部位遮挡起来。

第三种是用苏打水进行汽车室内杀毒

苏打水也是常用的消毒液，用水稀释过后，采用喷洒、擦拭的方法给车内进行杀毒。

第四种是用臭氧进行汽车室内杀毒

用臭氧进行杀毒是一种更为高效的杀毒灭菌方式，不需要用水稀释，杀菌彻底，还可以去除车内的霉味、臭味等异味，并且不会造成二次污染，是非常方便的一种汽车室内杀毒方式。

第二节　车身漆面去渍与密封

随着社会进步及人类文明程度的不断提高，汽车正以大众化消费品的姿态进入百姓生活，因而汽车的款式、性能以及汽车的整洁程度，无一不体现出车主的性格、修养、生活观及喜好，所以许多人想让自己的"座驾"看起来干净漂亮，用起来风光舒适又保值。围绕这一目的，通常会开展一系列工作，其中车身漆面去渍与密封是重要的环节之一。漆面去渍与密封，俗称打蜡。

一、漆面去渍与密封对汽车的影响

首先，车辆长时间在外行驶或停放，受日晒、雨淋、风吹及空气中有害物质的侵蚀而导致车漆老化褪色，会造成车漆暗淡无光，如图3-52所示。首先，由于车蜡的保护，车身的水滴附着量会降低60%～90%，效果十分明显。其次，打蜡形成的薄膜可以将部分光线反射，有效避免车漆老化。再次是可以防静电，汽车在行驶时与空气摩擦产生静电，而车蜡则可以有效地减小车身与空气、尘埃之间的摩擦，静电少了，车身自然少了灰尘的吸附。在日常使用中产生的摩擦，也会在漆面上留下轻微划痕。这种划痕在阳光下尤其明显，从而影响车辆美观。

图 3-52　长时间停放的车辆

二、漆面去渍密封的作用与车蜡种类

1. 漆面去渍与密封的作用

（1）隔离　车蜡可在车漆表面形成保护层，将车漆与有害气体、污渍灰尘有效地隔离，起到一种"屏蔽"作用，如图3-53所示。

（2）美观　车蜡是用来保护车漆同时又可美观车漆的专用品。打蜡可以增加光亮度，增添靓丽的光彩，如图3-54所示。

图 3-53　形成保护层

图 3-54　增加光亮度

（3）抗高温　车蜡可对来自不同方向的入射光线产生有效反射，防止漆面或色漆老化变色，如图3-55所示。

图3-55　抗高温

（4）防紫外线　若汽车经常停放在室外暴晒，容易因紫外线照射导致车漆老化、褪色，而打蜡形成的薄膜可以将部分光线反射，可有效避免车漆老化，如图3-56所示。

（5）防静电　汽车打蜡后，在车身表面与空气流之间形成隔离层，从而减少甚至杜绝静电的产生，如图3-57所示。

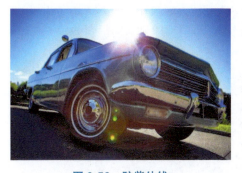

图3-56　防紫外线

图3-57　防静电

2. 车蜡种类

1）车蜡按其物理状态的不同可分为液体蜡、膏状蜡、固体蜡。

①液体蜡：使用方便，多用于机械操作。

②膏状蜡：适用于手工操作。

③固体蜡：只能用于手工操作，属于非专业用品。

2）常用的车蜡按用途不同分类如下。

①去污蜡：具有很强的去污能力，不损伤漆面，能有效全面地清洁车身上的污渍、水痕、沥青及氧化膜等污物，在车漆表面形成坚固的蜡膜，延缓车漆老化，保持漆面光亮鲜艳。去污蜡适用于车身表面的清洁护理。使用方法是先清除车表面大颗粒灰尘并保持干燥环境，将适量去污蜡置于干净海绵或擦布上均匀涂抹于待清洗漆面，然后换用干燥洁净的擦布擦净即可，如图3-58所示。**注意：在车身温热时不得使**

图3-58　去污蜡

用去污蜡。

②水晶蜡：防止静电层的产生，去除车身的沉积污垢及交通膜，形成坚固的蜡膜保护漆面，有效防止紫外线及酸雨等对漆面的灼伤和腐蚀，延缓车漆老化，保持光亮色彩，适用于车辆漆膜保护。使用方法是在干燥环境下，将车身彻底清洗后，用适量水晶蜡均匀涂抹于漆面上，几分钟后换用干燥的多功能擦拭纸擦净即可。尽量避免在强烈阳光下或车体高温时使用水晶蜡，如图 3-59 所示。

③抛光蜡：抛光蜡含有细微、柔和的研磨材料，可有效去除车漆表面污渍和细小划痕，除锈、防锈，形成的坚固的蜡膜，防水、防尘，延缓车漆老化，用于车辆漆膜修复护理。使用方法是先清除车表灰尘，然后用海绵均匀涂抹抛光蜡于车漆上，待表面稍干后，换用干净擦布擦净即可，也可配合抛光机对车漆进行抛光处理，如图 3-60 所示。

图 3-59　水晶蜡

图 3-60　抛光蜡

④镜面蜡：能渗透漆面，有效保护漆面，耐高温，耐化学腐蚀，使车漆光泽如镜，长久保持；适合于中高档汽车的漆膜护理，具有色彩增艳的效果。使用方法是先清除车表的灰尘并保持干燥环境，将适量镜面蜡置于干净海绵或擦布上均匀涂抹于漆面，待干后换用干净擦布擦净即可，如图 3-61 所示。

⑤皮革塑料养护蜡：适用于车漆以外的皮革、塑料及橡胶部件的护理，可杀菌防霉，在部件表面形成保护膜，有效延缓部件的老化，防止褪色、起皱、龟裂，抗静电，减少其对灰尘及有害气体的吸附。使用时，直接均匀喷涂于部件表面，稍后用干净擦布擦净即可，如图 3-62 所示。

图 3-61　镜面蜡

⑥ 幻彩蜡：分为红、蓝、绿、灰、黑五种颜色，即打即抛，省时省力，具有还原色彩、去除光环的功能，能有效去除漆面油污、交通膜、氧化层，恢复已褪色且暗淡漆面的原有色彩，适用于车漆的清洁上光及护理。使用方法是倒适量幻彩蜡于干净的海绵或擦布上，均匀涂抹于漆面，稍后换用干净擦布擦净即可，如图3-63所示。

图3-62　皮革塑料养护蜡　　　　　　　　图3-63　幻彩蜡

⑦ 釉蜡：能在漆面上形成一层坚韧而有深度的密封釉质防护光膜，保护漆面不受高温、腐蚀性物质的侵害，适用于各种颜色及漆系的车身上光保护；清洗车表后，将适量釉蜡置于干净海绵或擦布上均匀涂抹于漆面，稍后换干净擦布擦净即可，如图3-64所示。

⑧ 上光蜡：上光蜡由高分子聚合物组成，不含研磨材料，涂抹车漆表面，可以在漆面上形成薄的保护膜，防止漆面受到机械、化学损伤。上光蜡不伤车漆，可去除车表的污渍，形成光亮滑爽、均匀持久的保护膜，延缓车漆老化；上光蜡适合于较好漆面的早期保养或抛光翻新后的漆面护理。使用方法是先去除车表的颗粒状泥沙等污渍，然后以海绵沾少许上光蜡均匀涂抹于漆面上，稍干后擦净即可，如图3-65所示。

图3-64　釉蜡　　　　　　　　　　　　图3-65　上光蜡

⑨钻石蜡：能在漆面形成坚硬的保护层，防止酸雨、紫外线、昆虫残体和冰雹等的侵蚀，重现漆面靓丽的光泽，适用于所有漆面。使用方法是把适量的钻石蜡均匀地喷涂在漆膜上，然后抛光即可，但不要在阳光下作业，如图3-66所示。

⑩表板蜡：适用于仪表台、保险杠、胶条等塑胶、皮革制品的清洁翻新，能在表板上形成一层有效的保护膜，防污、防老化、防静电。使用时，直接将表板蜡喷于表板上，用干净擦布擦匀即可，如图3-67所示。

图3-66 钻石蜡

图3-67 表板蜡

3. 车蜡的选择

车蜡种类繁多，作用与效果各不相同，选用时必须慎重。一般情况下，应根据车蜡的特点、性能、车漆颜色、行驶环境及使用季节等因素综合考虑。

（1）根据漆面的质量来选择　对于中高档乘用车，其漆面质量较好，宜选用高档车蜡；对于普通乘用车，可选用一般车蜡。

（2）根据漆面的新旧来选择　对于新车或重新喷漆的车辆，应选用上光蜡，以保持车身光泽和颜色；对于旧车或漆面有漫反射光痕的车辆，可选用研磨蜡对其进行抛光处理后，再用上光蜡上光。

（3）根据车蜡的作用来选择　由于车辆的运行环境千差万别，所以在车蜡的选择上对汽车漆面的保护应该有所侧重。例如，沿海地区宜选用防盐雾功能较强的车蜡；化学工业区宜选用防酸雨功能较强的车蜡；多雨地区宜选用防水性能优良的车蜡；光照好的地区宜选用防紫外线、耐高温性能优异的车蜡。

（4）根据季节不同来选择　夏季光照较强，宜选用防紫外线、耐高温性能优异的车蜡。

（5）根据车漆颜色来选择　选用车蜡时，还必须考虑与车漆颜色相适应，一般深色车漆选用黑色、红色、绿色系列的车蜡，浅色车漆选用银色、白色、珍珠色系列的车蜡。

（6）根据车辆行驶环境来选择　如果汽车经常行驶在泥泞、尘土、沙石等恶劣道路环境中，则应选用保护功能较强的硅酮树脂蜡。

4. 一般保护蜡与高级美容蜡的区别

一般保护蜡由蜡、硅、油脂等成分混合而成，属于油性物质，可在漆面上形成一层油膜进而呈现光泽。但由于油膜与漆面的结合力差，保护时间较短，所以车蜡常常因下雨或冲洗等因素流失，有时甚至附着在风窗玻璃上形成油垢。另外，存留在车蜡上的水滴一般呈半球状，会产生透镜作用，聚焦太阳光而灼伤漆面。

高级美容蜡含有特殊材料成分，无论用水冲洗多少次，一般都不会流失，不用担心光泽在较短时间内失去；施工后，车蜡表面的水滴呈扁平状，透镜作用不明显，可有效地保护漆面。高级美容蜡外观效果非常好，但价格偏高，特别是水晶蜡、钻石蜡等。因为这种车蜡除了具有一般保护蜡的功能外，含有一种活性非常强的渗透剂，能使车蜡迅速渗透于漆面。其特殊的分子结构可以在漆面之间产生牢固的结合力，上蜡后的漆面看起来浑然一体。

三　漆面去渍与密封

漆面去渍与密封的过程主要包括两个方面：

（1）漆面去渍　漆面去渍是漆面密封的基础。做漆面去渍时，需要清洁的污物和部位非常多，而且每一种方式都应使用专业用品并采取专业的操作步骤。

（2）漆面密封　漆面密封可分为手工和机械两种，手工上蜡简单易行，机械上蜡效率高。无论是手工还是机械上蜡，都要保证漆面均匀涂抹。手工上蜡时，首先将适量的车蜡涂抹在海绵上，然后按一定顺序打圈涂抹，每道涂抹应与上道涂抹区域有 1/5～1/4 的重合度，防止漏涂，应保证均匀涂抹。机械上蜡时，将车蜡涂在打蜡机海绵上，具体涂抹过程和手工雷同。值得注意的是，在边、角、棱处涂抹时应避免超出漆面，而在这方面手工涂抹更容易把握。

1. 漆面去渍

（1）去除漆面沥青　准备工具材料：柏油沥青去除剂、超浓缩蜡水洗车液清洗。柏油沥青一般附着在车身的下部周围，将柏油清洗剂或沥青水均匀地喷洒在车身下部，等待 2～3min，等沥青软化之后擦拭干净，然后用水冲洗。

1）喷洒柏油沥青去除剂，等待 2～3min，如图 3-68 所示。

操作前，先要洗车，喷洒柏油沥青去除剂主要针对有沥青的地方，不要全车喷洒。

2）沥青溶解软化之后，徒手将沥青颗粒彻底处理干净，然后用毛巾将喷洒过的区域来回擦拭，将沥青清除，依次按两个门板距离分别施工，如图 3-69 所示。

注意：浅色车门框下部的沥青也要打开车门去除干净；用湿毛巾擦拭喷洒过的区域，不要大力擦拭，以免漆面出现擦拭细痕。

图 3-68 喷洒柏油沥青去除剂

图 3-69 使用毛巾进行擦拭

3）选用常压水清洗，以免沥青四处飞溅。擦拭完沥青之后，使用稀释好的超浓缩蜡水洗车液清洗，清洗后用水（沥青水必须处理干净，防止与其他工具、产品发生化学反应）从上至下冲洗干净，如图 3-70 所示。

标准：全车漆、门框底部的沥青要全部去除，漆面、玻璃光滑。

注意：不能在干燥、高温的漆面施工，不能在塑料表面施工，特别是透明塑料；如果是 SUV 车型，后风窗玻璃处的沥青也要去除干净。

图 3-70 使用常压水进行清洗

（2）去除漆面金属氧化层 漆面的金属氧化层一般形成在发动机舱盖、车顶和行李舱盖等部位上。去除车身铁粉的方法与去除沥青相同。将铁粉去除剂均匀地喷洒在车身所有的漆面上，等待约 3min，待漆面有金属成分物质释出（白色车身释出颜色为紫红色）后，用清水冲洗干净。

1）喷洒铁粉去除剂，如图 3-71 所示。

注意：施工过程中，勿将其产品喷洒到软物塑胶件上。

图 3-71 喷洒铁粉去除剂

2）车身所有的漆面均匀喷洒一遍，等待 3~5min，如图 3-72 所示。

注意：使用原液，喷洒均匀，等待 3~5min，铁粉分解后，提高施工效率。

图 3-72　喷洒铁粉去除剂

3）用常压水冲洗喷洒铁粉去除剂的区域，如图 3-73 所示。

标准：全车漆、门框底部的铁粉要全部去除，漆面、玻璃光滑。

注意：不能在干燥、高温的漆面施工，不能在塑料表面施工，特别是透明塑料。

（3）去渍　准备工具材料：稀释好的蜡水洗车液、起渍毛巾（起渍泥）、万用清洁剂、牙刷、轮胎刷、轮辋光洁剂、柏油清洁剂。

用蜡水洗车液配合去渍泥、去渍布来回在漆面上搓动以去除漆面上的污渍。施工顺序：把车体分成前翼子板、前门、后门、后翼子板 4 个部分，每个部分从上到下完成施工。注意检查，不得有遗漏。另外，若车身污垢较难去除，可用大力神清洁剂配合龙卷风清洗枪等提高工作效率。

1）准备一桶洗车泡沫，如图 3-74 所示。

2）在车身上喷洒一遍泡沫，如图 3-75 所示。

图 3-73　使用常压水进行冲洗

图 3-74　洗车泡沫

图 3-75　喷洒泡沫

3）用去渍泥结合洗车泡沫在漆面上用力搓动，以去除污垢和氧化层，如图3-76所示。

4）用去渍布结合洗车泡沫在漆面上用力搓动，以去除污垢和氧化层，如图3-77所示。

图3-76　用去渍泥去除污垢和氧化层

图3-77　用去渍布去除污垢和氧化层

5）去渍过程要全面、仔细，不能有遗漏，如图3-78所示。

标准：全车无氧化层，手感光滑。

6）将龙卷风清洗枪接上高压气管，去除较顽固的污渍，如图3-79所示。

图3-78　去渍过程要全面、仔细

图3-79　将龙卷风清洗枪接上高压气管

7）清洗镀铬饰条，如图3-80所示。

8）车身边角位刷洗，如图3-81所示。将稀释好的万用清洁剂配合牙刷针对车身边角位逐步刷洗（包括门边、油箱盖、行李舱盖）。

图3-80　用龙卷风清洗枪清洗镀铬饰条

图3-81　用牙刷进行清洗

9）清洗车轮，如图3-82所示。先将轮辋上的沥青依次刷洗干净，配合低压水枪清洗干净，然后再将稀释好的轮辋光洁剂均匀喷洒到轮辋上，配合牙刷依次刷洗干净，按此方法将四个轮辆清洗干净，排气管不要漏洗。

标准：边角位无污垢；轮辋需光洁干净。

注意：万用清洁剂不要直接喷洒到车漆上，防止产生不良现象；施工前，先在不显眼的地方试验一块。

10) 去渍完成后，用常压水将车身清洗干净，如图3-83所示。

图3-82　清洗车轮

图3-83　清洗车身

11) 将车身各处擦干，在涂蜡前车身完全风干，如图3-84所示。

图3-84　擦干车身

2. 漆面密封

（1）打蜡　准备工具材料：纳米密封剂、风动打蜡机、纳米密封剂专用打蜡海绵（手工压边海绵）、围裙、口罩。打蜡分为手工打蜡和机器打蜡两种，其中机器打蜡的效率高于手工打蜡。取适量车蜡涂抹在专用打蜡海绵上，以画圈的形式将蜡均匀地涂抹在车漆表面。**注意：不要涂抹到塑胶件上。**

施工顺序：把车体分成前翼子板、前门、后门、后翼子板4个部分，每个部分从上到下完成施工。然后等待3~5min，等待时间视环境温度而定，一般是涂抹的蜡痕显出白色粉末状即可。

1) 手工打蜡，如图3-85所示。

图3-85　手工打蜡

2）打蜡海绵蘸上适量车蜡后在漆面上进行涂抹，如图3-86所示。

3）以画圈的方式涂抹车蜡，如图3-87所示。

图3-86 涂抹车蜡（一）

图3-87 涂抹车蜡（二）

4）按施工顺序叠加进行作业，不要有遗漏，如图3-88所示。

5）没有漆面的部位不要涂抹车蜡，如图3-89所示。

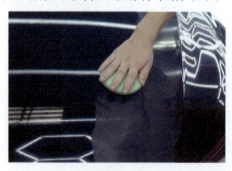

图3-88 涂抹车蜡（三）

图3-89 涂抹车蜡（四）

6）机器打蜡。将打蜡机转速调至适中，如图3-90所示。配合纳米密封剂，将车蜡均匀地涂在车漆上。施工顺序：按车体分成前翼子板、前门、后门、后翼子板4个阶段，每个阶段从上到下施工，最终检查（不得有疏漏部分）。

7）将适量的车蜡倒在海绵盘上，如图3-91所示。

图3-90 打蜡机转速调至适中

图3-91 将适量的车蜡倒在海绵盘上

8）做直线运动，按施工顺序叠加进行作业，不要有遗漏，如图3-92所示。

施工过程中，移动打蜡机时，应缓慢往复均匀移动，使其充分渗透漆孔里面，形成网状纳米因子保护膜。

9）涂蜡作业完成后，等待 5~10min，让蜡充分干固并吸附在车身漆面上，如图 3-93 所示。
标准：全车漆面极度光滑，有保护膜的感觉；打蜡机转速控制在 500~800r/min。

图 3-92　涂抹车蜡（五）

图 3-93　涂抹车蜡（六）

10）车蜡已干固，开始泛白，如图 3-94 所示。

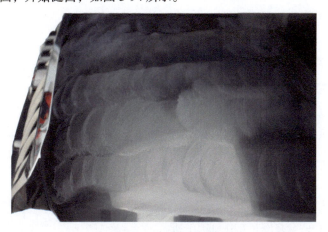
图 3-94　干固的车蜡

（2）擦蜡　准备工具材料：两条专用擦蜡毛巾。用擦蜡毛巾将全车蜡痕以画圈的方式逐步擦拭干净，注意检查，避免遗漏。毛巾要叠成方块，隐藏毛巾边角位，防止擦花车漆。

1）平铺毛巾，如图 3-95 所示。
2）将毛巾一边的四分之一向上折叠，如图 3-96 所示。

图 3-95　平铺毛巾

图 3-96　向上折叠

3）将毛巾另外的四分之一向下折叠，如图3-97所示。
4）毛巾向内对折形成四层，如图3-98所示。

图3-97　向下折叠

图3-98　向内对折

5）轻轻压平毛巾，如图3-99所示。
6）向右折叠四分之一，如图3-100所示。

图3-99　压平毛巾

图3-100　向右折叠

7）毛巾向左折叠四分之一，如图3-101所示。
8）整理毛巾，如图3-102所示。

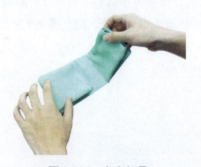

图3-101　向左折叠

图3-102　整理毛巾

9）再次对折毛巾，如图3-103所示。
10）再次整理毛巾，毛巾折叠完成，如图3-104所示。

图 3-103　对折毛巾

图 3-104　折叠完成

11）拿毛巾时，开口向着掌心并将其捏紧，以免散开露出边角，如图 3-105 所示。

12）将专用毛巾叠好后，开始擦除多余的车蜡，如图 3-106 所示。

图 3-105　拿毛巾的方法

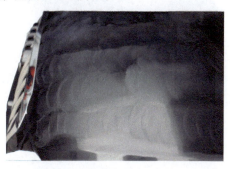
图 3-106　擦除多余的车蜡（一）

13）擦拭力度要适中，将多余的车蜡擦拭掉即可，如图 3-107 所示。

施工动作要领：半弓弯身，右手拿住叠成方块的毛巾擦拭，左手扶贴背后，眼睛迎着光线检查。

14）可以反复擦拭，如图 3-108 所示。

标准：全车不能有残蜡附着，全车光亮度和光滑度一致。

图 3-107　擦除多余的车蜡（二）

图 3-108　反复擦拭

（3）清理车蜡　准备工具：牙刷、棉签、漆面护理毛巾、玻璃清洁专用毛巾、围裙、口罩、玻璃清洁剂。

一些部位和缝隙处可能会有蜡痕遗留，应仔细检查并将其清理干净。

1）擦拭完车身后，检查、清除边缝内残留的车蜡，如图3-109所示。

注意：柔和施工，防止牙刷、棉签对漆面造成二次划痕。

2）检查、擦拭门边，如图3-110所示。

图3-109 清除残留的车蜡

图3-110 擦拭门边

3）检查、擦拭行李舱盖，如图3-111所示。

4）在毛巾上喷两三次玻璃水，用专用毛巾清洁每块玻璃内外表面（包括天窗、化妆镜、室内桃木等光滑面），再用另一条毛巾擦拭干净，注意后风窗玻璃内侧，不要漏擦，如图3-112所示。

图3-111 清除残留车蜡

图3-112 擦拭玻璃

擦拭手法：先擦玻璃边角位，然后居中复位，按顺序将全车玻璃擦干净。

标准：玻璃通透明亮，全车接缝位干净、无蜡迹。

注意：严禁将玻璃清洁剂直接喷到玻璃表面，防止材料挥发浪费，严禁挪动后视镜玻璃。金属件光亮无污渍，塑胶件黑亮，不沾手。

（4）检查 准备工具材料：质检表、笔、施工合格牌、强光手电筒。用手电筒或工作灯检查，注意多变换角度，迎合光线，认真进行检查和确认，消除擦拭痕迹、边缝残余蜡痕。

注意：在晴天时，把车开到室外检查。

检查顺序：从车头开始围绕车一圈迅速检查车外表，依次打开车门检查边框。若有问题，应在质检表上登记，并让施工团队及时返工，如图3-113～图3-116所示。

图 3-113　检查施工质量（一）

图 3-114　检查施工质量（二）

图 3-115　检查施工质量（三）

图 3-116　检查完成

四　汽车长期保持靓丽如新的方法

打蜡频率

从理论上来说，汽车打蜡的时间间隔是根据车蜡层在漆面上保持的时间长短来定的，而这个时间又取决于车蜡性能的好坏。市面上的各种车蜡，不论高中低档，都没有具体的车蜡保持时间表，从效果来看，其实都差不多，所以当车蜡层消失时，就应该及时打蜡。

打蜡误区一：车蜡越贵越好

选用车蜡时必须慎重，选择不当会使车漆变色。一般情况下，应根据车蜡的作用、特点、车辆的新旧程度、车漆颜色及行驶环境等因素综合考虑。夏天宜选用防紫外线车蜡，行驶环境较差时宜选用保护作用突出的车蜡。

打蜡误区二：打蜡越频繁越好

汽车美容打蜡是一项保护汽车漆面的好方法，很多车主因此认为这样爱车就不怕酸雨和大雪的侵蚀，同时也能让车漆光彩夺目。频繁打蜡可能会使车身上的粉尘在打蜡过程中划伤漆面，建议具体情况具体分析。

打蜡误区三：打蜡不需要技巧

汽车美容打蜡前，还有清洗车身外表的泥土和灰尘等一系列的操作，需要专业的产品及专

业人员的操作，所以不懂使用技巧和操作流程很可能会弄坏车辆漆面。

第三节 车身漆面去渍与还原密封

漆面去渍与还原密封，俗称抛光打蜡。由于车辆长时间在外受日晒、雨淋、风吹及空气中有害物质的侵蚀，会造成车漆暗淡无光，在日常使用中产生的摩擦也会在漆面上留下轻微划痕。这种划痕在阳光下尤其明显，从而影响车辆美观。为了恢复车身漆面原有的效果，就要对车身漆面进行去渍与还原密封。

一、漆面去渍与还原密封概述

1. 漆面去渍

漆面去渍是指去除车身漆面的沥青、金属氧化层和顽固污渍等。

2. 漆面还原

漆面还原是指对漆面进行抛光，将车辆漆面恢复呈镜面效果，填充涂面孔，使车漆表面的光泽更加靓丽滋润。

3. 漆面密封

漆面密封是指对漆面进行打蜡，在车漆表面形成保护层，以达到保护漆面的效果。

二、漆面抛光与打蜡

1. 漆面抛光

一辆使用三四年的汽车，经过风吹雨淋日晒后，车漆难免暗淡无光，经过漆面抛光后可使车漆迅速焕然一新。但抛光会让车漆变薄，也不是完全不能给车漆抛光，少量的抛光是车漆能够承受的。

抛光是利用柔性抛光工具和磨料颗粒或其他抛光介质对工件表面进行的修饰加工，用来除去被氧化的漆面和车身上的各种异物，消除漆面细微划痕，处理汽车漆面轻微损伤及各种斑迹，以提高漆膜的镜面效果，达到光亮、平滑、艳丽的要求。另外，汽车表面经喷涂之后，如果漆膜表面出现有粗粒、砂纸痕、流痕、反白、橘皮等细小缺陷时，可对漆面进行抛光，达到修复的目的。

抛光可以解决漆面氧化层、条纹、划痕、污染、褪色等影响漆面外观的问题。

判断车身漆面是否需要抛光处理，可以按照以下方法进行：

（1）观察法 从车身的不同角度观察车身漆面的亮度，通过眼睛感觉光线的柔和度、反射景物的清晰度等来判断。如果景物暗淡、轮廓模糊，则需要抛光处理。

（2）触摸法　在手上套一层塑料薄膜来触摸漆面，如果感到发涩或有凹凸不平时，就必须抛光处理。

2. 如何选用汽车抛光剂

选择汽车抛光剂时，应根据自己的实际需求，选择对应的抛光剂产品。

（1）强力抛光剂

1）特性：强力抛光剂是比普通研磨剂研磨颗粒更细的一种新型研磨材料，不含硅和蜡，能去除漆面较厚的氧化层、划痕及喷漆时出现的"麻点""垂流"等。

2）使用方法：（利用抛光机）均匀涂抹于汽车漆面。

3）注意事项：使用前，应先小范围试用，配合抛光机使用。

（2）漆面还原抛光剂

1）特性：漆面还原抛光剂比强力抛光剂的研磨颗粒更细一些，能去除漆面中度氧化层和轻度划痕。由于漆面还原抛光剂不含硅和蜡，在狭小的场地作业比较安全，是美容店用于汽车漆面翻新的主要用品。漆面还原抛光剂所含油分在漆面抛光的同时渗入漆内补充油漆失去的油分，起到增亮护理作用。

2）使用方法：配合抛光机涂抹于汽车漆面。

3）适用范围：汽车漆面。

（3）快速抛光剂

1）特性：快速抛光剂的研磨颗粒比中度抛光剂更细一些，具有去除轻微氧化层和上蜡护理双重功效。作为抛光的最后一道工序，可用手工完成，弥补机器抛光不均匀、产生光环等现象，具有增艳效果，又称增艳剂。

2）使用方法：手工均匀涂抹于汽车漆面。

3）适用范围：汽车漆面。

（4）玻璃抛光剂

1）特性：能去除玻璃表面上粘附的沥青、油脂、昆虫尸体、污渍和发乌的氧化层等难以清洗的污垢。

2）适用范围：常用于风窗玻璃、后视镜等部位。

（5）多功能抛光剂

1）特性：能去除金属电镀表面和玻璃等硬质表面发乌的氧化层，还原光泽，并形成一层极光亮的保护膜。

2）适用范围：各类金属电镀表面和玻璃等硬质表面及汽车漆面。

3. 漆面打蜡

作为汽车美容的传统项目，漆面打蜡的作用首先是防水、防酸雨，车蜡会使车身的水滴附着量减小，效果十分明显；其次，防高温和紫外线，天气越来越热，汽车会因光照而导致车漆老化褪色，而打蜡形成的薄膜可以将部分光线反射，有效避免车漆老化；最后，车蜡可以防静电、防尘。汽车行驶时与空气摩擦产生静电，而车蜡则可以有效地隔断车身与空气、尘埃的摩擦。少了静电，汽车自然少了灰尘的吸附，车蜡还能起到上光的作用，使车漆显得更新、更好看。

三 漆面去渍与还原密封过程

漆面去渍与还原密封过程主要包括4个方面：

第一是遮蔽防护。抛光前，为了保护抛光部位以外的范围不受抛光的影响，需对非抛光区域进行遮蔽防护。车身遮蔽不仅在汽车抛光中使用，也在汽车喷涂过程中广泛使用。

抛光时，常用的遮蔽材料为美纹纸胶带和遮蔽膜。遮蔽时，遮蔽胶带的使用环境变化较大，所以对车用遮蔽胶带的要求较为苛刻。遮蔽车身时，应选择质量较高、有良好的韧性和强度的遮蔽胶带，如黏度太大则拆除困难，黏度太小则粘贴不牢固进而影响遮蔽效果。

（1）美纹纸胶带 是以美纹纸和压敏胶水为主要原料，在美纹纸上涂覆压敏胶粘剂，另一面涂以防粘材料而制成的卷状胶带。具有耐高温、抗化学溶剂佳、高粘着力、柔软服贴和再撕不留残胶等特性。美纹纸粘带（简称美纹纸），如图3-117所示。

图3-117 美纹纸胶带

（2）遮蔽膜 主要用于防止乘用车、客车、工程车、轮船、火车、货柜、飞机、机械以及家具等在喷漆时防止油漆渗漏，彻底改善传统用报纸加美纹纸胶带的遮蔽方法。报纸无论新旧都会有纸屑，多尘、渗漆造成遮蔽部位留有油漆颗粒，往往需要重新返工。在报纸上粘美纹纸胶带也需要浪费许多时间，此外报纸宽度和长度有限接口处仍需加粘胶带，所以人工成本和胶带成本不比新型遮蔽膜成本低。相反，遮蔽膜干净、防渗漆、防水、体积小，使用起来非常便捷。以往粘报纸需要两三个人才能完成的工作量，现在只需一个人在短时间内便能高质量地完成，从而极大地提高了工作效率，更节省时间和人工，可为企业节约成本，是汽车美容行业首选的遮蔽材料，如图3-118所示。

图3-118 遮蔽膜

第二是漆面抛光还原。汽车抛光是指汽车美容过程中在打蜡前先给汽车做一次抛光。漆面经过精细抛光后，才能做出镜面效果。抛光是打蜡时必须经过的操作，没有经过抛光处理的车辆，漆面不平整会导致车蜡的保持时间非常短，达不到最好的打蜡效果。当然，根据车漆的情况不同，抛光不一定要三步都做，新车往往一步还原就可以了。但是，做过粗蜡的车一定要中蜡抛光，做过中蜡的车一定要细蜡还原。

对那些已经出现了浅划痕的车辆，还可以用抛光的方法进行快速处理。用抛光轮配合抛光增艳剂，除去汽车表面附着的氧化层，拉平细微划痕，同时药剂渗入车漆发生还原变化，当浅划痕去除后，漆面就呈现出翻新效果。根据车况不同，这一过程只需30～40min。

第三是车辆外部清洗。漆面进行抛光还原后，漆面以及各板件之间的缝隙处会有抛光剂残留，为了保证打蜡密封的效果，必须对车辆进行彻底清洗，漆面以及各板件之间的缝隙处不能有抛光剂残留。

第四是打蜡密封。车辆漆面经过精细抛光还原后，为了保护抛光还原后的漆面，需对漆面进行打蜡密封。这样可使漆面上多了一层保护膜，可以隔绝紫外线、灰尘、油烟和杂质，保持漆面的光泽和持久性。

选择车蜡时,要根据车蜡的作用特点、车辆的新旧程度、车漆颜色及行驶环境等因素综合考虑。对于高级乘用车,可选用高档车蜡。

新车最好用彩涂上光蜡以保护车体的光泽和颜色,夏天宜用防紫外线车蜡,行驶环境较差时则用保护作用突出的树脂蜡比较合适。

普通车辆用普通的珍珠色或金属漆系列车蜡即可。选用车蜡时,还应考虑与车漆颜色相适应,深色车漆选用黑色、红色、绿色系列的车蜡,浅色车漆选用银色、白色、珍珠色系列车蜡。

1. 遮蔽防护

准备工具材料:美纹纸、遮蔽膜、大毛巾。

抛光研磨之前,要在不能抛光的部位(玻璃、塑胶、镀铬饰条等)和容易被抛光机碰到的部位贴上美纹纸,避免出现因车身的漆面破损、溶解、变色等。玻璃部件可用遮蔽膜遮蔽。

1)使用美纹纸对前门外拉手进行遮蔽(遇到曲面时,可将胶带的内侧边缘重叠以适应曲面贴紧的需要),如图3-119所示。

图 3-119　使用美纹纸遮蔽前门外拉手

注意:使用遮盖材料遮蔽之前,必须彻底清洗干净车身表面,并将车辆上的灰尘和水分全部吹除擦拭干净,否则胶带无法在车身表面上粘牢。

2)门拉手必须全方位粘贴保护并遮蔽严实,交界处的美纹纸必须要断开,如图3-120所示。

3)大面积的车窗玻璃要使用美纹纸配合遮蔽膜进行遮蔽(美纹纸一半贴在遮蔽膜上,另一半贴在车窗镀铬条上),如图3-121所示。

图 3-120　全方位遮蔽前门外拉手

图 3-121　遮蔽前车窗玻璃外侧

注意:美纹纸需要粘贴在镀铬部位表面时,必须对镀铬部位表面的水分彻底清除,吹干之后才能粘贴。

4)使用美纹纸从玻璃内侧粘贴固定遮蔽膜时,可以根据实际情况进行粘贴,以紧固牢靠为目的,如图3-122所示。

注意:美纹纸需要粘贴在玻璃表面时,必须对玻璃表面的水分彻底清除,吹干之后才能粘贴。

图 3-122　遮蔽前车窗玻璃内侧

5）遮蔽时，要对前车窗玻璃完全遮蔽，不能有遗漏，遇到转角时，可将胶带的内侧边缘重叠以使曲面贴紧玻璃，如图3-123所示。

注意：使用遮蔽膜进行遮蔽时，要尽可能避免遮蔽膜产生皱纹。

6）使用美纹纸对天窗密封胶条进行遮蔽，如图3-124所示。

图 3-123　完全遮蔽前车窗玻璃

图 3-124　使用美纹纸遮蔽天窗密封胶条

注意：美纹纸通常无法粘到车顶周围的橡胶雨封条上。因此在粘贴美纹纸之前，应使用抹布在天窗密封胶条上先涂一层透明清漆稀释剂，待完全干燥之后，才能粘贴牢固。

7）使用美纹纸对天窗密封胶条进行遮蔽遇到曲面时，可将美纹纸的内侧边缘重叠以适应曲面贴紧的需要，如图3-125所示。

8）使用美纹纸配合遮蔽膜对后车窗玻璃进行遮蔽（美纹纸一半贴在遮蔽膜上，另一半贴在车窗镀铬条上），如图3-126所示。

图 3-125　遮蔽天窗密封胶条（遇到曲面时）

图 3-126　遮蔽后车窗玻璃外侧

9）使用美纹纸从后车窗玻璃内侧将遮蔽膜贴牢以免脱落，如图3-127所示。

10）使用美纹纸对后门外拉手进行遮蔽（遇到曲面时，可将美纹纸的内侧边缘重叠以适应曲面贴紧的需要），如图3-128所示。

图3-127　遮蔽后车窗玻璃内侧　　　　　图3-128　遮蔽后门外拉手

11）使用美纹纸配合遮蔽膜对三角玻璃进行遮蔽（美纹纸一半贴在遮蔽膜上，另一半贴在车窗镀铬条上），如图3-129所示。

12）三角玻璃不同于车窗玻璃（遮蔽车窗玻璃时可以打开车门使用美纹纸从玻璃内侧将遮蔽膜固定），对三角玻璃进行遮蔽时，要将美纹纸一半贴在遮蔽膜上，另一半要贴在三角玻璃镀铬条上（遇到曲面时，可将美纹纸的内侧边缘重叠以适应曲面贴紧的需要），如图3-130所示。

图3-129　遮蔽三角玻璃（一）　　　　　图3-130　遮蔽三角玻璃（二）

13）使用美纹纸对后视镜塑料部分进行遮蔽，如图3-131所示。

14）使用美纹纸对后视镜转向灯进行遮蔽，如图3-132所示。

图3-131　遮蔽后视镜塑料部分　　　　　图3-132　遮蔽后视镜转向灯

15）使用美纹纸对风窗玻璃密封胶条进行遮蔽，如图3-133所示。

注意：美纹纸通常无法粘到风窗玻璃密封胶条上。因此在粘贴美纹纸之前，应使用抹布在风窗玻璃密封胶条上先涂一层透明清漆稀释剂，待完全干燥之后，才能粘贴牢固。

16）使用美纹纸对尾灯的四周边缘部位进行遮蔽，如图3-134所示。

图3-133　遮蔽风窗玻璃密封胶条

图3-134　遮蔽尾灯的四周边缘部位

17）使用美纹纸对尾灯的四周边缘部位进行遮蔽遇到曲面时，可将胶带的内侧边缘重叠以适应曲面贴紧的需要，如图3-135所示。

18）使用美纹纸对前照灯的四周边缘部位进行遮蔽，如图3-136所示。

图3-135　尾灯遮蔽完成

图3-136　遮蔽前照灯的四周边缘部位（一）

19）使用美纹纸对前照灯的四周边缘部位进行遮蔽（遇到曲面时，可将胶带的内侧边缘重叠以适应曲面贴紧的需要），如图3-137所示。

20）使用美纹纸对车标进行遮蔽，由于车标的弧度较大，遮蔽时要将美纹纸内侧重叠以适应曲面贴紧的需要，如图3-138所示。

图3-137　遮蔽前照灯的四周边缘部位（二）

图3-138　遮蔽车标

注意：用美纹纸粘贴镀铬标志表面时，必须对镀铬标志表面的水分彻底清除，吹干之后才能粘贴。

21)使用美纹纸对镀铬厂牌进行遮蔽,如图3-139所示。

22)使用美纹纸对镀铬字母进行遮蔽,如图3-140所示。

图3-139　遮蔽镀铬厂牌

图3-140　遮蔽镀铬字母

23)使用美纹纸对镀铬型号进行遮蔽,如图3-141所示。

24)遮蔽完成,检查有无漏贴或粘贴不牢固的现象以及遮盖不足的部位,如有,需要及时进行遮蔽,如图3-142所示。

图3-141　遮蔽镀铬型号

图3-142　遮蔽完成

25)前风窗玻璃一般使用两条大的湿毛巾进行遮蔽,如图3-143所示。

2. 漆面抛光还原

准备工具材料:毛巾、抛光剂、抛光盘、还原盘、抛光剂、还原剂。

判断划痕能否被抛掉的方法有以下2种:

方法1:通过观察划痕判断伤及漆面的哪个层次。伤及底漆和严重伤及色漆的,无法抛掉;轻微伤及色漆和伤及清漆的,可以抛掉。

图3-143　遮蔽前风窗玻璃

方法2:用指甲贴着漆面横向划过划痕,如果阻力很小,轻易划过,则该划痕可被抛掉;如果指甲被挡住,能感觉到阻力,则无法抛掉。

(1)第一次抛光　第一次抛光的目的是去除漆面较厚氧化层、划痕等。

1)选择第一次抛光使用的抛光剂,如图3-144所示。

2）将羊毛盘粘贴在抛光机上，尽量对准羊毛盘的中心点粘贴，以免因旋转产生的离心力不平衡影响操作，如图3-145所示。

图3-144　抛光剂

图3-145　粘贴羊毛盘

注意：抛光盘要保持清洁，随抛随清理。新盘使用前需湿润，避免干抛。

3）调节抛光机转速至规定值（一般为2000r/min），如图3-146所示。

注意：抛光机转速不能过高，以免抛漏底漆。禁止对前后保险杠、后视镜、塑料底的漆面进行施工。

4）将适量的抛光剂挤在要抛光的漆面上，如图3-147所示。

图3-146　调整抛光机转速

图3-147　挤出抛光剂

注意：抛光剂用量要适中，不要过多。

5）将抛光机转速调至低档，然后用抛光机将抛光剂在要抛光的分块区域中抹匀，使用多功能抛光剂配合羊毛盘抛光漆面，如图3-148所示。

6）抛光边角位漆面时需小心、谨慎，不能操之过急，如图3-149所示。

图3-148　抛光漆面

图3-149　抛光边角位漆面

注意：抛光时，抛光机不要在一个点上停留太久，以免抛漏底漆。抛光盘与被抛面的夹角应小于**30°**。

7）作业时注意顺序，不能有遗漏部位，如图3-150所示。

抛光时顺序：分块施工每次抛光的面积不要超过50cm×50cm，在抛光分块区域内，按"井"字形，先横向再纵向移动抛光机，从左到右，从上到下。

标准：完成后检查，若没有明显的、大的划痕以及印迹，即可进入下一步——抛光还原作业。

图 3-150　按顺序抛光漆面

注意：抛光时，随时观察抛光后的效果，与即将抛光的漆面状况进行对比。

（2）第二次抛光　第二次抛光的目的是用多功能抛光剂即还原剂配合黄色和黑色还原盘修复漆面细小花纹、旋纹。

1）选择第二次抛光使用的还原剂，如图3-151所示。

2）更换粘贴黄色的海绵还原盘，尽量对准海绵还原盘的中心点粘贴，以免因旋转产生的离心力不平衡影响操作，如图3-152所示。

图 3-151　还原剂

图 3-152　黄色还原盘

注意：还原盘要保持清洁，随抛随清理。新盘使用前需湿润，避免干抛。

3）调节抛光机转速至规定值（一般为1500r/min），如图3-153所示。

注意：抛光机转速不能过高，以免抛漏底漆。禁止对前后保险杠、后视镜、塑料底的漆面进行施工。

4）将适量的还原剂挤在要抛光的漆面上，然后在抛光机低转速下将还原剂涂抹均匀，如图3-154所示。

图 3-153　调整抛光机转速

图 3-154　挤出还原剂

注意：还原剂用量要适中，不要过多。

5）开始对漆面进行抛光还原作业，作业中要注意顺序，不能有遗漏部位。

抛光时顺序：分块施工每次抛光的面积不要超过 50cm×50cm，在抛光分块区域内，按"井"字形，先横向移动再纵向移动抛光机，从左到右，从上到下，如图 3-155 所示。

注意：抛光完成后，车身应没有细小的印记和划痕。

6）更换粘贴黑色的海绵还原盘，尽量对准海绵还原盘的中心点粘贴，以免因旋转产生的离心力不平衡影响操作，如图 3-156 所示。

图 3-155　还原漆面

图 3-156　黑色还原盘

注意：还原盘要保持清洁，随抛随清理。新盘使用前需湿润，避免干抛。

7）将适量的还原剂挤在要抛光的漆面上，如图 3-157 所示。

注意：抛光剂用量要适中，不要过多。

8）将抛光机转速调至低档，然后使用抛光机将抛光剂抹匀，如图 3-158 所示。

图 3-157　挤出还原剂

图 3-158　还原漆面

9）开始对漆面进行抛光还原作业，作业中要注意顺序，不能有遗漏部位。

抛光顺序：分块施工每次抛光的面积不要超过 50cm×50cm，在抛光分块区域内，按"井"字形，先横向移动，再纵向移动抛光机，从左到右，从上到下，如图 3-159 所示。

10）当漆面有明显光泽且呈现出镜面效果时，作业完成，如图 3-160 所示。

图 3-159　按顺序还原漆面　　　　　图 3-160　作业完成

（3）施工检查　车辆各处漆面应亮丽如新，呈现出镜面效果，没有小花纹、旋光纹和划痕等。

1）检查漆面，如图 3-161 所示。

2）迎合光线查看漆面，如图 3-162 所示。

图 3-161　检查漆面　　　　　　　图 3-162　迎合光线查看漆面

3）检查时，要全面仔细，不能有遗漏，如图 3-163 所示。

（4）去除遮蔽

1）去除风窗玻璃遮蔽毛巾，如图 3-164 所示。

图 3-163　全面检查施工质量　　　　图 3-164　去除风窗玻璃遮蔽毛巾

2）去除后视镜上的美纹纸，如图 3-165 所示。

3）去除前车窗上的美纹纸和遮蔽膜，如图 3-166 所示。

图 3-165　去除后视镜上的美纹纸

图 3-166　去除前车窗上的美纹纸和遮蔽膜

4）去除后车窗上的美纹纸和遮蔽膜，如图 3-167 所示。

3. 车辆外部清洗

准备工具材料：牙刷、毛巾。

漆面进行抛光还原后，为了保证打蜡密封的效果，必须对车辆进行彻底清洗，漆面以及各板件之间的缝隙处不能有抛光剂残留。

1）对车身进行冲洗，如图 3-168 所示。

图 3-167　去除后车窗上的美纹纸和遮蔽膜

图 3-168　清洗车身

2）喷洒洗车泡沫，如图 3-169 所示。

3）用牙刷清洗车窗边缝残留的抛光剂，如图 3-170 所示。

图 3-169　喷洒泡沫

图 3-170　清洗车窗边缝残留的抛光剂

4）用牙刷清洗车身边缝残留的抛光剂，如图 3-171 所示。

5）用牙刷清洗机舱盖边缝残留的抛光剂，如图3-172所示。

图3-171　清洗车身边缝残留抛光剂

图3-172　清洗机舱盖边缝残留抛光剂

6）用牙刷清洗风窗玻璃边缝残留的抛光剂，如图3-173所示。

7）清洗完成后进行第二次冲洗，如图3-174所示。

图3-173　清洗风窗玻璃边缝残留的抛光剂

图3-174　清洗车辆（一）

8）将车辆清洗干净，车身漆面以及各板件之间的缝隙处必须完全清洗干净，如图3-175所示。

9）使用毛巾对车身进行擦拭，如图3-176～图3-183所示。

图3-175　清洗车辆（二）

图3-176　擦拭机舱盖

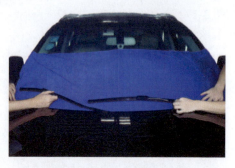
图 3-177 擦拭前风窗玻璃

图 3-178 擦拭刮水器

图 3-179 擦拭车顶

图 3-180 拧干毛巾

图 3-181 擦拭车窗

图 3-182 擦拭车门（一）

4. 涂蜡密封

打蜡可分为手工和机械两种，手工上蜡简单易行，机械上蜡效率高。手工上蜡和机械上蜡都要保证漆面均匀涂抹。手工上蜡时，首先将适量的车蜡涂抹在海绵上，然后按一定顺序打圈涂抹，每道涂抹应与上道涂抹区域有 1/5～1/4 的重合度，应保证均匀涂抹。机械上蜡时，将车蜡涂在打蜡机海绵上，具体涂抹过程和手工雷同，值得注意的是边、角、棱处的涂抹应避免超出漆面，而在这方面手工涂抹更容易把握。

1）取适量车蜡涂抹在专用打蜡海绵上，以画圈的形式将蜡均匀地涂抹在车漆表面，如图 3-184 所示。

2）擦蜡：用擦蜡毛巾将全车蜡痕以画圈的形式逐步擦拭干净，注意检查，避免有遗漏，如图 3-185 所示。

3）清理：去除防护遮蔽膜和美纹纸，一些部位和缝隙处可能会有蜡痕和抛光剂遗留，仔细检查并将其清理干净，如图 3-186 所示。

图 3-183　擦拭车门（二）

图 3-184　涂抹车蜡

图 3-185　擦蜡

图 3-186　清理残留蜡痕

4）检查：用手电筒或工作灯认真检查，注意多变换角度，迎合光线，车漆表面应光亮、无斑迹和划痕，并呈现出镜面效果。晴天时，把车开到室外检查；若有问题，应在质检表上登记，并让施工团队及时返工，如图 3-187 所示。

施工质量标准：漆面手感应光滑无毛刺，如丝般光滑；漆面呈镜面光亮度，无炫光、明暗不匀、漏打等现象；车漆遇水后，应呈现强大的拨水效果；车体缝隙干净，无蜡垢残留。

图 3-187　检查施工质量

四　抛光的利弊分析

有人总纠结汽车抛光打蜡的利与弊，其实打蜡、封釉本身并不会对车漆造成伤害，反而是能更好地保护车漆，之所以会给车主造成不好的那种印象，主要是因为一些不负责任的汽车美容店，为了让车主看到直观的车漆光鲜效果，在打蜡和封釉过程中频繁对车漆进行抛光研磨，自然会让车漆越抛越薄，甚至可能出现抛穿。经验表明，一辆车"一生"中抛光不宜超过 5 次。

抛光虽然会让车漆变薄，但并不是因此就完全不能给车漆抛光了。少量的抛光是车漆能够承受的，抛光是汽车漆面护理的一种方法，用来除去受氧化的漆面和车身上的各种异物，消除漆面细微划痕，处理汽车漆面轻微损伤及各种斑迹。一辆使用了三四年的汽车，经过风吹雨淋

暴晒后，车漆难免暗淡无光，经过抛光后便可使车漆迅速焕然一新，看起来跟新车一样光鲜照人。因此，在打蜡、封釉、镀膜等美容过程中，都难免会使用到抛光的工序，但切忌次数过多。此外，某些日系车型的漆面抛光次数需要严格控制。

五、影响抛光质量和效率的关键因素

1）工具和磨料的组合。
2）板块的划分和抛光次序。
3）抛光技师的姿势。
4）抛光机的转速。
5）磨料的用量。
6）抛光盘和被抛面的角度。
7）抛光盘的下压力度。
8）抛光机的移动方向和速度。
9）抛光盘的清洁程度。

六、抛光后会有小光圈的原因

漆面上出现的小光圈就是旋光纹，有可能是未有效去除的研磨盘留下的痕迹，也有可能是抛光过程中新产生的痕迹。原因有以下5种：
1）抛光盘不干净。
2）选择了错误的磨料。
3）抛光剂过多。
4）抛光机转速过低。
5）抛光时移动速度过慢。

第四节　前风窗玻璃镀膜

汽车在大雨中高速行驶，视线不清是最大的安全隐患。在暴雨中，即使刮水器高速摆动，还是无法刮净玻璃上的雨水，这时玻璃上形成的水膜折射会使你看不清前方路况；有时在与对面行驶的大型车辆会车时，大车轮胎溅起的水花会扑向你的小车，这时车外的一切都变得模糊不清了，就在你犹豫的时候说不定可怕的交通事故即将来临。如今通过高科技手段，在风窗玻璃上镀上一层纳米防护隐形膜，利用纳米材料的疏水原理，让雨水在汽车玻璃表面无法形成水膜，提高了刮水器的使用效率，大大提升了行驶安全性，车速超过60km/h，就可以看到水往高处流的奇观。纳米防护隐形膜覆盖在玻璃表面，厚度只有十几纳米，并与玻璃牢牢结合，完全不影响玻璃的光学性能且十分耐磨，能承受刮水器的摩擦而不脱落，效果可持续一年之久。

一 前风窗玻璃对驾驶人的影响

在车辆行驶过程中,外界环境的灰尘、杂物会附着在前风窗玻璃上,时间过长会无法清洗干净,或者清除完后会在玻璃上留下污点或污斑。在暴雨中,即使刮水器高速摆动,依然无法刮净玻璃上的雨水,玻璃上形成的水膜折射会使驾驶人无法看清前方。

二 前风窗玻璃镀膜的作用

1)耐高温:玻璃镀膜能反射光线和热辐射,有效降低车内温度。
2)防划痕:镀膜能更好地保护玻璃不受沙砾的划伤。
3)易清洗:镀膜不易粘附灰尘、污渍,清洗时用清水即可使玻璃保持高清洁度和光泽度。
4)超强的拨水性:水落在玻璃上可瞬间收缩成水珠然后滑落,有效地防止水膜形成。
5)抗腐蚀:坚硬的非有机(玻璃晶体)膜层自身不会氧化,可防止外界的酸雨、飞虫和鸟粪等对玻璃的腐蚀。玻璃晶体膜具有超强的抗腐蚀性,能有效防止酸雨等腐蚀性物质对玻璃造成的损害,还可防止玻璃表面变软、透明性降低。
6)超长寿命:效果持续一年以上,能承受大风、高/低温、粉尘、酸雨和强紫外线照射而不脱落,且不会因刮水器刮擦、洗车而受损,洗后效果更佳。

三 前风窗玻璃镀膜过程

前风窗玻璃镀膜过程分为玻璃去渍、脱脂、镀膜和检查。

第一步是玻璃去渍。汽车漆面去渍是玻璃去渍的基础。做玻璃去渍时,需要清洁的污物和部位有很多,每一种方式都应使用专业用品并采取专业的操作步骤进行。

第二步是对前风窗玻璃脱脂。汽车玻璃镀膜的原理与给人做美容的原理类似,在上最后一遍养护霜之前一定要先用洗面奶把脸洗干净,脱脂剂的作用就相当于洗面奶。在汽车玻璃镀膜之前,一定要先脱脂。脱脂剂的作用主要有两个:一是抛光还原之后去除玻璃表面的研磨剂残留物;二是镀膜之前去除玻璃表面的油脂,增加膜层的附着力和持久性。

第三步是对前风窗玻璃镀膜。前风窗玻璃镀膜的方法分为手工擦拭和喷涂两种。不管是哪种镀膜方法,都要保证玻璃表面镀膜均匀,因此手工镀膜首先把镀膜剂均匀地喷在事先准备好的镀膜海绵上,然后以内后视镜为中心分两边进行镀膜。镀膜的顺序为从上到下,镀膜时的操作是先横再竖的"十"字形,并且最后一道必须是竖着镀膜。每道必须覆盖前一道的三分之一,目的是为了避免出现漏镀。

喷涂镀膜是一种简便的镀膜方法,只需要购买喷涂型玻璃镀膜剂。对玻璃表面均匀喷涂后,再用专业工具对其进行擦拭即可。

第四步是检查。镀膜完成后对玻璃进行检查,检查玻璃表面是否还存在污物,边缝有无残留水渍等。

1. 玻璃去渍

用去渍泥搭配玻璃清洗剂、毛巾，将玻璃表面的污垢、氧化层除去。

准备工具材料：去渍泥、去渍布、磨泥盘、气动去渍机、玻璃毛巾、玻璃清洗剂。

1）经常有一些灰尘、杂物、油污以及污垢等粘附在汽车玻璃表面，所以在清洗玻璃时先用常压水将玻璃冲洗一遍，冲洗时配合手掌对玻璃表面进行擦拭，玻璃四周边缝都要进行冲洗、吹尘，不能用高压水枪，因为高压水枪压力太大，如图3-188所示。

标准：玻璃表面无油污、杂质、污垢，边缝不能有异物。

注意：不能使用高压水枪进行清洗，以免清洗不干净，边缝一定要清洁干净，不能有残留物。

2）玻璃清洗完成后，用玻璃清洗剂配合去渍泥或去渍布对玻璃进行去渍，去渍时一边擦拭一边喷涂玻璃清洗剂，然后用力搓动，以去除污垢和氧化层。去渍时，以内后视镜位置为中心点分两边去渍，去渍泥可能会因为施工人员的操作失误导致去渍泥粘贴在玻璃表面，如发现要及时清理，如3-189所示。

标准：玻璃表面无氧化层，手感光滑。

注意：玻璃表面全部去渍，表面不能有去渍泥擦拭的痕迹。在去渍边上时一定要仔细。

图3-188　清洗前风窗玻璃

图3-189　去除污垢和氧化层

3）去渍完成后，使用常压水再配合手掌再次将玻璃冲洗干净，冲洗时一边用手掌擦拭玻璃表面，一边用手掌感应玻璃表面起渍是否有漏掉的部位，要求玻璃表面光滑、无异物，如图3-190所示。

注意：冲洗玻璃时对表面再次进行检查，用手掌擦拭玻璃表面是否出现停顿。如出现停顿，应立即再次进行去渍。

4）玻璃冲洗后，对玻璃表面进行第一次擦拭，使用玻璃毛巾将玻璃表面上残留的水渍擦干，擦拭玻璃水渍要注意刮水器位置，因为刮水器部位容易藏纳水渍，所以要擦拭仔细，玻璃周围也要进行擦拭，如图3-191所示。

注意：将刮水器向上抬起后用抹布包裹擦拭时，注意避免刮花玻璃。

5）用玻璃毛巾将前风窗玻璃水渍进行第二次擦干，擦拭玻璃水渍以内后视镜位置为中心点，然后分两边擦拭玻璃上的水渍，如果水渍擦拭不干净，会对下一步施工造成影响，如图3-192所示。

注意：用玻璃毛巾擦拭时，不能佩戴首饰以及衣服拉链必须防护，以免对漆面或玻璃造成划痕。

图 3-190　清洗前风窗玻璃

图 3-191　擦拭前风窗玻璃（一）

标准：玻璃表面干净、光滑、无污垢。

2. 遮蔽防护

对不能抛光的部位和容易被抛光机碰到的部位贴上美纹纸，避免因车辆原有损伤、溶解、变色等引起客户纠纷。

准备工具材料：抛光机、抛光剂、美纹纸、大毛巾。

用美纹纸或大毛巾对玻璃周围进行防护，防护顺序为从左到右。

图 3-192　擦拭前风窗玻璃（二）

1）玻璃抛光前，用美纹纸对玻璃周围的胶条、塑料件、发动机舱盖进行遮蔽防护，遮蔽周围是为了防止抛光时抛光剂飞溅到边缝里和防止胶条被误抛烧蚀，遮蔽发动机舱盖是为了防止抛光剂在抛光时飞溅到发动机舱盖上，如图 3-193 和图 3-194 所示。

图 3-193　遮蔽玻璃胶条（一）

图 3-194　遮蔽玻璃胶条（二）

标准：玻璃四周胶条、边缝防护到位，不留缝隙。

注意：防护时，美纹纸不能粘贴到玻璃表面上，以免在抛光作业时因抛光机转速过快触碰后对玻璃产生划痕。

2）遮蔽完成后，应确认玻璃四周胶条、边缝、刮水器和机舱盖都已遮蔽密封好，如果没有遮蔽好，应再次进行遮蔽，如图 3-195 所示。

标准：玻璃四周美纹纸不得粘贴在玻璃上，机舱盖防护到位。

3. 对玻璃进行抛光

用多功能抛光剂配合海绵还原盘去除玻璃深层氧化层和污垢。将抛光机转速调至 1000r/min，转速不能过高。施工过程中要平放施工盘，必须要用研磨剂，不能干抛，边角位处理需小心、谨慎，不能操之过急。

准备工具材料：抛光机、抛光剂、还原盘、毛巾。

1）在对玻璃进行抛光作业前，首先要选择合适的还原盘和抛光剂，抛光机结合还原盘和还原剂对玻璃进行抛光作业，先将还原海绵盘粘贴在抛光机上，尽量对准还原盘的中心点粘贴，以免因旋转产生的离心力不平衡导致还原盘脱离抛光机，如图 3-196 所示。

注意：粘贴还原盘一定粘贴到中心位置，以免还原盘在操作时脱离抛光机。

图 3-195　遮蔽完成

图 3-196　粘贴还原盘

2）根据玻璃氧化层、污垢的情况将抛光机调整至合适的转速，如图 3-197 所示。抛光机转速档位有 1 档、2 档、3 档、4 档。

注意：抛光机转速不正确会对玻璃造成划痕。

3）抛光前，先将适量的抛光剂挤在需要抛光区域的玻璃表面，抛光剂不能挤太多，避免出现浪费耗材，如图 3-198 所示。

标准：抛光剂涂抹均匀。

注意：抛光剂不能随意涂抹，必须涂抹在抛光区域，不能随意浪费。

图 3-197　调节抛光机转速

图 3-198　挤出抛光剂

4）涂抹适量的抛光剂对抛光区域进行抛光，首先将抛光剂按照所需的抛光区域涂抹均匀，然后对玻璃进行抛光，如图 3-199 所示。

注意：抛光机线束不能接触漆面以免划伤漆面，抛光剂转速结合实际情况作出适当调整。在对玻璃进行第二次抛光时，抛光机档位应选择 2 档或转速应为 800～1000r/min。

5）抛光时，每次玻璃抛光的区域不宜过大，以免出现漏抛部位，如果出现漏抛，应立即对其进行抛光，避免在镀膜时产生不良影响，如图 3-200 所示。

图 3-199　抛光玻璃

图 3-200　补充抛光剂

注意：在抛光过程中，可以适量填充抛光剂，不能一直抛光。抛光机也不能一直在同一个地方作业，以免出现划痕。

6）抛光机在玻璃上同一个地方停留的时间不要太长，否则会导致玻璃出现划痕，严重时会导致玻璃破损，如图 3-201 所示。

注意：对抛光机不能抛光的地方应手工抛光。

7）玻璃抛光的顺序是从上到下，如果抛光顺序错乱，会影响玻璃镀膜后的拨水性能，如图 3-202 所示。

图 3-201　抛光玻璃

8）对玻璃边角抛光时要仔细，不要抛到其他部位，抛光机抛不到的部位可以手工抛光，如图 3-203 所示。

注意：边角抛光时，不能抛到塑料件，以免出现划痕，要一边抛光一边仔细检查。

标准：玻璃表面干净且无氧化层、手感光滑。

图 3-202　补充抛光剂

图 3-203　抛光玻璃

4. 去除遮蔽防护

1）去除玻璃四周、刮水器和发动机舱的遮蔽防护，如图 3-204 所示。

2）撕掉遮蔽玻璃防护的美纹纸，如图 3-205 所示。

标准：撕掉所有美纹纸后，没有残留。

5. 清洗玻璃

用玻璃清洁剂和毛刷将玻璃四周边缝残留的抛光剂洗刷掉，再用常压水将玻璃彻底清洗干净并擦干，玻璃四周胶条内的残留水分要用压缩空气吹干。

图 3-204　去除遮蔽防护

图 3-205　撕掉遮蔽玻璃防护的美纹纸

1）用牙刷和玻璃清洁剂清除玻璃边缝残留的抛光剂，如图 3-206 所示。

准备工具材料：牙刷、玻璃清洗剂。

2）如果玻璃四周清洁不干净会对玻璃镀膜有一定影响，易产生腐蚀，如图 3-207 所示。

图 3-206　清除玻璃边缝残留的抛光剂

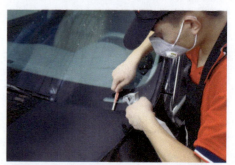

图 3-207　清除玻璃四周残留的抛光剂

3）按照从左到右的顺序对玻璃边缝残留的抛光剂进行清洁刷洗，每条边缝都要刷到，如图 3-208 所示。

标准：边缝清洗干净，无残留抛光剂、无污垢。

注意：边缝要使用牙刷或长柄刷使劲擦拭，对刮水器上残留的抛光剂也擦拭干净。

4）用常压水配合玻璃毛巾对玻璃、边缝、刮水器等部位进行清洗，一边清洗一边用玻璃毛巾擦拭玻璃，如图 3-209 所示。

准备工具材料：玻璃毛巾。

标准：玻璃光滑、无水痕。

注意：冲洗边缝要仔细，必要时需多次冲洗。

图 3-208　清除残留的抛光剂

图 3-209　清洗玻璃边缝残留的抛光剂

5）用吹尘枪吹干各处水渍，如果不吹干水渍，镀膜时水渍会影响镀膜剂的使用效果，如图 3-210 所示。

准备工具材料：吹尘枪、玻璃毛巾。

6）吹干玻璃下方的水道和左右边缝，由于玻璃下方藏水较多，吹干时一定要仔细，如图 3-211 所示。

图 3-210　吹干玻璃　　　　　图 3-211　吹干玻璃下方的水道和左右边缝

7）吹干玻璃。操作完成后，要仔细检查玻璃及其周边，不得残留水渍，玻璃表面应无污垢、划痕和异物等，如图 3-212 所示。

标准：玻璃表面光滑、无水渍、无划痕、无污垢、边缝无残留抛光剂、无美纹纸。

注意：吹尘枪管路不能触碰漆面，以免出现划痕。边缝吹干时，吹尘枪要倾斜 35°且使玻璃毛巾在吹尘枪前方，防止吹出来的水渍粘贴到玻璃上。

6. 玻璃脱脂

在叠好的脱脂专用毛巾上喷洒脱脂剂（三四次），往返擦拭玻璃，等待其自然风干。

准备工具材料：施工海绵、脱脂布、脱脂剂、玻璃毛巾。

1）前风窗玻璃镀膜套装——脱脂剂、镀膜剂，如图 3-213 所示。

注意：镀膜剂要存放在阴凉处，不能浪费。

图 3-212　吹干玻璃　　　　　图 3-213　脱脂剂、镀膜剂

2）用玻璃毛巾和脱脂剂对玻璃表面进行脱脂前，先将脱脂剂均匀喷洒在玻璃毛巾上，脱脂顺序为从上到下、从内到外，每道脱脂剂应在上一道脱脂剂的三分之一处，如图 3-214 所示。

注意：不能将脱脂剂喷涂在玻璃表面上，否则，一是浪费脱脂剂，二是无法发挥脱脂剂的效果。

3）擦拭脱脂剂时，用玻璃毛巾将玻璃从上到下、从内到外擦拭一遍。除脂后，待玻璃自然风干，然后进行镀膜作业，如图3-215所示。

标准：擦拭时间为2～4min，不能出现漏掉脱脂的现象。

注意：擦拭时间应根据实际情况而定，"十"字形擦拭脱脂剂，不能出现漏擦现象。

图3-214 喷洒脱脂剂

图3-215 擦拭玻璃进行脱脂

7. 涂抹镀膜剂

将专用海绵和涂布配合美纹纸包好，在涂布上喷洒镀膜剂（两三次）。从上到下、从内到外，一道一道地涂抹均匀，每一道涂层的边缘以重叠在前一道涂层的三分之一处为宜。要涂抹均匀，不要有遗漏。施工完成后等待30min以上，让镀膜剂自然干化。

准备工具材料：镀膜剂、施工海绵、镀膜布块、玻璃毛巾。

1）用玻璃镀膜配套的布块和施工海绵进行施工，如图3-216所示。

2）用布块将海绵包住，布块的一面要整理平整，为防止布块松脱，必要时可用胶带将布块与海绵粘贴固定，这样方便对玻璃进行镀膜，如图3-217所示。

注意：镀膜布块因粘贴在施工海绵上，不能单独使用。粘贴镀膜布块时，胶带不能超过布块边缘，以免在镀膜时造成细微划痕。

图3-216 镀膜布块与施工海绵

图3-217 布块与海绵配合使用

3）将适量的玻璃镀膜剂均匀地喷洒在镀膜布块上，镀膜剂不能喷太多，喷太少也不行，否则会影响镀膜效果，如图3-218所示。

注意：镀膜剂喷涂在粘贴好的施工海绵上，不能喷太多，以免浪费镀膜剂。

标准：镀膜剂喷涂均匀。

4）将海绵以内后视镜位置为中心点分两边从上至下对玻璃进行镀膜施工，如图3-219所示。

图 3-218　喷上镀膜剂

图 3-219　涂抹方法（一）

5）从玻璃中间向边上横向涂抹，每次的涂抹面要叠压之前涂抹面的三分之一，不要有遗漏，若有遗漏，应立即重新涂抹。涂抹时，一定要注意涂抹位置，避免出现漏涂，如图3-220所示。

6）先按照从上到下的纵向顺序涂抹，涂抹时第二道涂抹要覆盖到第一道涂抹的三分之一处，以"十"字形涂抹镀膜剂，如图3-221所示。

注意：涂抹时，第二道涂抹要覆盖到第一道涂抹的三分之一处，镀膜剂涂抹最后一道必须是竖着涂抹。

图 3-220　涂抹方法（二）

图 3-221　涂抹顺序

7）另一边施工方法与上一步施工方法相同，镀膜剂涂抹顺序同样是从上到下涂抹，并且第二道涂抹要覆盖到第一道涂抹的三分之一处，如图3-222所示。

8）在镀膜施工过程中，如果发现海绵在涂抹时没有镀膜剂，应适时补充喷洒镀膜剂，然后继续涂抹，如图3-223所示。

9）涂抹镀膜剂方向可以横向、纵向涂抹。涂抹完成后，等待约30min，让镀膜剂自然风干，因天气不同，镀膜剂的擦拭时间也不同，如图3-224所示。

注意：不能出现漏涂（镀膜剂）。涂抹时，第二道必须覆盖第二道的三分之一处。

8. 擦拭干净

准备工具材料：玻璃毛巾。

玻璃毛巾对折主要是为了方便擦拭镀膜剂，同时也避免玻璃毛巾边角对镀膜完成后造成细微划痕。

图 3-222 在另一边涂抹镀膜剂

图 3-223 补充镀膜剂

拿玻璃毛巾时，开口向着掌心并将其捏紧，以免散开漏出边角，如图 3-225 所示。

标准：玻璃毛巾握法应正确，不能有缺口漏出。

注意：玻璃毛巾不能出现边角，以免擦拭时造成细微划痕。

1）用玻璃毛巾擦拭玻璃表面，顺序为从上到下擦拭玻璃表面。擦拭镀膜剂时，注意擦拭位置，避免出现漏擦，如图 3-226 所示。

标准：玻璃透明干净，无异物。

图 3-224 继续涂抹镀膜剂

图 3-225 毛巾握法

图 3-226 从上至下擦拭玻璃表面

2）用玻璃毛巾将多余的镀膜剂擦掉，最终将玻璃擦拭干净，镀膜剂要按照从上到下的顺序进行擦拭，这样有利于发挥玻璃镀膜后的拨水性能，如图 3-227 所示。

注意：擦拭顺序为从上到下，擦拭最后一道同样为竖着擦拭。要一边擦拭一边检查，不能出现漏擦。

9. 检查

多变换角度，迎合光线，认真检查并确认，消除擦拭痕迹；如有问题，应在质检表上登记，并让施工团队及时返工。

注意：施工完毕 24 小时之内，不可沾水及开启刮水器；在擦拭过程中不要太用力，如果擦不掉或者不好擦，用湿毛巾在镀膜表面上轻轻地擦拭一遍，然后用干毛巾轻轻地打磨一遍即可。在高温状态或扬沙环境中，不宜施工。

准备工具材料：工作灯、玻璃毛巾。

1）使用工作灯对玻璃进行多方位检查，检查镀膜剂是否擦拭干净、有无漏擦等现象，如图3-228所示。

图 3-227　从上至下擦拭镀膜剂

图 3-228　检查施工质量（一）

2）使用工作灯对玻璃边缝进行检查，检查边缝是否残留水渍、抛光剂和镀膜剂等，如图3-229所示。

<u>注意：检查时，要从多个角度检查，检查是否出现漏擦。边缝、刮水器等部位是否清洗干净。如出现漏擦，必须立即用玻璃毛巾对漏擦部位进行擦拭。</u>

3）施工完成后，玻璃表面应干净整洁、无划痕、无污垢、无镀膜剂擦拭痕迹，边缝应不藏水渍、抛光蜡等。玻璃表面无"镀花""漏镀"等现象，易导致驾驶人行驶时感到"模糊不清""雾蒙蒙"的现象。玻璃表面无任何杂物（油膜、飞漆、污垢）附着，透视率大大提高，用手触摸玻璃表面，应光滑如丝，无涩感，如图3-230所示。

<u>标准：玻璃表面手感光滑、从车内观看车外应清晰、无模糊现象，拨水性极强。</u>
<u>注意：玻璃镀膜后24小时内不能开启刮水器，以免把附着在玻璃表面上的镀膜层消除掉。</u>

图 3-229　检查施工质量（二）

图 3-230　检查施工质量（三）

4）对玻璃镀膜后进行效果检查，镀膜完成后拨水性能强，玻璃表面不会出现大面积水分覆盖玻璃的现象。玻璃表面经泼水后剩下的水分均呈水珠状间断残留或脱落，如图3-231所示。

图 3-231　检查拨水性

四　玻璃镀膜相关知识拓展

玻璃镀膜液的作用是什么？

玻璃镀膜液利用特殊化学手段，在汽车玻璃表面镀上一层厚度只有十几纳米的看不见的疏水防护膜，使水滴无法形成干扰人视线的不规则水膜。

镀膜可能会产生什么不良效果？

大部分镀膜材料含有活性硅（涂抹后形成硅晶，类似玻璃），镀膜破损后，可能产生微粒或碎片，清理时一定要注意，应轻轻地进行，最好在水流状态下进行，否则会损坏车漆。

第五节　车身漆面镀晶

镀晶是一种专门用于汽车漆面、玻璃、轮胎、轮毂、座椅、发动机、内饰、外饰条等关键部位护理保养的产品，也称为弹性镀晶。镀晶工艺技术是根据车主需求、气候和交通环境等特点，在汽车漆面养护工艺的基础之上科学研制而成。

在汽车漆面镀上一层晶体，目的是保护汽车漆面的光泽度不会衰减，同时使漆面获得一层保护膜，这种晶体属于大分子聚合物，因其成膜性强，能形成真正意义上的膜，因此目前市场上的大部分汽车镀晶产品都是大分子聚合物化工产品。

一　车身漆面镀晶的意义

汽车如果能有光彩夺目的色彩与光泽，都会让人羡慕不已、目光追逐。而绝大部分的汽车漆面在使用过程中都会潜移默化地发生以下漆面恶化的情况：

1）紫外线照射使漆面氧化，颜色变淡、变暗，甚至光泽消失。

2）酸雨、虫尸、鸟粪、树脂、其他化学品等使漆面形成色斑、氧化层。

3）细小的发丝划痕使漆面的镜面效果减弱。

给汽车漆面上一层高光泽、高硬度、耐磨性强、耐腐蚀的保护膜，可有效地防止上述情况发生，因此汽车镀晶产品应运而生。

一、车身漆面镀晶的认识

1. 镀晶的研发史

中国的科研团队在研究日本的金属漆面保护方法过程中，发现日本新干线上开行的 N700 电力动车在时速 300km/h 的情况下，依然外观如新、毫发无损，除了车身本身质量好（N700 电力动车由最优质的双层铝合金制成，面漆是世界上最优质的烤漆）之外，一定还有什么奥秘。原来 N700 电力动车表面涂刷了一层汲取德国研究成果的新型涂层，这种新型涂层能降低列车在高速行驶过程中与空气摩擦产生的静电，以及沙粒冲撞时产生的危害，从而使漆面不受损伤，这种新型涂层的主要成分就是聚氨酯。

研究人员发现，聚氨酯分子中的氢键可分离并吸收外来的能量并重新形成氢键，使聚氨酯层具有很高的耐磨性和柔韧性，这就是高弹性伸缩分子链。该分子链具有很高的硬度，其硬度值达到了 6H（与景泰蓝相当）。正是这一发现改写了汽车美容历史。

后来，研究人员研发出世界上第一种"弹性透明涂层"，因其效果光洁如镜，便将其命名为"镀晶"。镀晶最显著的特性是，在物体表面形成一层强大的纤维网，填补了车身漆面看不见的细微"毛孔"，使漆面呈现镜面效果，这无疑为漆面添上了一层薄薄的钻石软甲，在原来镀膜的基础上增加了车漆的硬度，保护车漆不受侵害。

2. 镀晶产品的发展史

初期的镀晶产品主要为聚硅氧烷类产品，实际硬度相对较低、抗划能力有限、附着力差、易龟裂脱落，保护作用非常有限，因此需要频繁养护。此后经过不断研究，聚硅氧烷和无机硅材料的镀晶产品逐渐研发，相比硅氧烷产品有了质的提高。聚硅氧烷和无机硅镀晶产品因成膜密度高，在短时间内即可增亮，膜层固化后硬度更好（5～7H，而硅氧烷实际硬度一般不超过3H），折光率好（亮度更好），附着力好（不龟裂）等特点，能更好地保护漆面；附着好、硬度高、不龟裂，还可用于塑料、橡胶、内饰、门板、玻璃等，汽车美容店一般作为全能镀晶产品使用。

3. 镀晶的作用

汽车镀晶是顶尖的漆面保护解决方案，将汽车美容从养护理念提升到保护层面，在汽车美容中属于较高水准。镀晶对车漆起到保护作用，可提高漆面的亮度和硬度，也能防止划痕出现，防紫外线、酸雨、盐、沥青、飞漆、虫尸、鸟粪等有害物质对车表的侵害，犹如给车漆穿上了一件高科技"防护外衣"，完全隔绝了灰尘、油污、霉菌、水分子等微粒对车漆本身的侵蚀，并具有抗紫外线、抗氧化、抗摩擦、抗褪色、增加漆面硬度的作用，使漆面长期保持原有光亮艳丽的色泽。它由结构紧密、性能稳定的高分子无机物组成，在温度剧烈变化的情况下物理化学性质也不会发生变化，使用后能迅速形成光滑、透亮且持久坚硬的结晶层。

4. 镀晶的好处

（1）高亮度　结晶层比普通镀膜层厚2~3倍，具有与钻石相类似的晶体结构，有利于光的折射，使车身亮度更高，漆面晶莹剔透。

（2）抗氧化　镀晶材料中的硅酮富含祛斑霜和氧化钛，祛斑霜、氧化钛是防晒霜的主要成分，二者性质极稳定，可以在车漆表面形成长达3年的结晶层。结晶层将漆面与外界隔绝，能有效抗氧化、耐酸雨的腐蚀。

（3）独特的记忆性分子结构　结晶层能完美解决热胀冷缩导致的龟裂和脱落问题，记忆性分子结构可以对结晶层表面的细微划痕起到一定的修复作用。

（4）高硬度　无机镀晶层的硬度高达7H，可以抵御沙尘对漆面的冲击，能很好地保护漆面。

（5）拨水性　漆面镀晶后可以使雨水快速成片地流走，不会滞留在漆面上，不会遗留水迹和斑点，可以避免酸雨对漆面的腐蚀。

三　车身漆面镀晶过程

车身漆面镀晶过程主要包括以下2个方面：

（1）脱脂处理　车身漆面镀晶的原理与给人做美容的原理类似，在上最后一遍养护霜之前一定要先用洗面奶把脸洗干净，脱脂剂就相当于洗面奶，在对车身漆面镀晶之前一定要先脱脂。脱脂剂的作用主要有2个：

1）抛光之后，去除车漆表面的抛光研磨剂残留物。

2）镀晶之前，去除车漆表面的油脂，增加晶层对漆面的附着力和持久性。

（2）镀晶　镀晶的主要优点是因固化成硬质模块，所以在漆面抗划保护方面具有更大的优势；在亮度、光滑度、漆面防氧化、漆面防老化以及施工难易程度方面，无机类镀膜更有优势，因为无机类镀膜膜层不分裂、不脱落，具有很强的耐磨性，能长期持久地提供对车漆的保护，车漆不被氧化；车主可根据自己的情况自行选择合适的汽车美容产品。

1. 脱脂处理

脱脂处理前，必须清洗车身外部，去除车身漆面沥青、金属氧化层、污渍，抛光漆面。

抛光工序完成后，要对车辆进行清洗，然后将漆面水渍擦净吹干。将车辆停放在专用工作间（无尘恒温工作间），如图3-232所示。

注意：漆面镀晶要求在无尘、无风的环境下施工，施工场地不能过于潮湿，以免影响结晶效果；为了在施工中能够及时关注结晶的效果，施工场地要求有较好的光照环境，以日光灯源为优，以光照无死角为标准。

图3-232　无尘恒温工作间

喷洒脱脂剂时需要准备的工具、材料：镀晶套装、漆面脱脂剂、专用海绵、脱脂专用毛巾、吹尘枪、防溶剂手套。

漆面脱脂是在镀晶之前需要操作的一个重要步骤，作用有2个：①去除抛光还原之后车漆表面的研磨剂残留物；②在镀膜之前去除车漆表面的油脂，增加膜层的附着力和持久性，使汽车漆面镀晶效果更佳。

1）将漆面脱脂剂加水稀释5～10倍（有的脱脂剂是原液使用的，不用加水调配，具体使用方法要参照产品说明书）。

2）对车身漆面喷洒专用脱脂剂时，要全面覆盖、均匀，不要有遗漏部位，如图3-233～图3-236所示。

图3-233　喷洒专用脱脂剂（一）

图3-234　喷洒专用脱脂剂（二）

图3-235　喷洒专用脱脂剂（三）

图3-236　喷洒专用脱脂剂（四）

注意：在车身漆面脱脂之前，必须完全除去车身漆面上的水分。要对漆面完全脱脂，漆面应具备完全干燥的条件。

使用漆面脱脂剂时，保持工作场所充分通风。皮肤不宜长时间接触脱脂剂，使用时需戴防溶剂手套，脱脂剂的脱脂性极强，长期接触会使皮肤粗糙干涩。

3）擦拭车漆表面。擦拭脱脂之前，要先将脱脂专用毛巾叠好。

①使用毛巾时，开口要向着掌心并将其捏紧，以免散开露出边角，如图3-237所示。

②使用脱脂专用毛巾对漆面进行擦拭，除去漆面油脂，要仔细擦拭，不能有遗漏，如图3-238所示。

图 3-237　捏紧毛巾

图 3-238　擦拭脱脂

③ 擦拭时，可以按板块（40cm×40cm）分区间擦拭。以同样的方式往返擦拭，可以避免出现遗漏，如图 3-239 所示。

④ 擦拭时，可以稍微用力，但要控制擦拭力度，不能用力过度，防止擦花车漆，如图 3-240 所示。

图 3-239　往返擦拭脱脂

图 3-240　控制擦拭力度

⑤ 擦拭完成后，待漆面自然风干，车漆表面不能有脱脂剂和污垢残留，如图 3-241 所示。

标准：用手指触摸漆面，感觉发涩意味着脱脂完成。

注意：毛巾必须叠成方块，隐藏毛巾边角位，防止擦花车漆。

2. 镀晶

（1）涂抹镀晶剂　准备工具材料：漆面镀晶套装。

1）选用合适的漆面镀晶套装（含镀晶专用毛巾、镀晶专用海绵、镀晶剂等），如图 3-242 所示。

2）将 2～3 滴镀晶剂滴在镀晶专用海绵上（左手拿镀晶剂瓶口向上，右手用镀晶专用海绵按住瓶口，上下摇动 2～3 次），如图 3-243 所示。

图 3-241　擦拭完成

142

图 3-242　漆面镀晶套装

图 3-243　将镀晶剂滴在海绵上

3）将海绵轻轻按压在漆面上，涂抹作业区域（40cm×40cm），涂抹方法为纵横重叠涂抹，如图 3-244 所示。

注意：镀晶剂要避免涂到塑胶、橡胶条和金属条等部位上。

4）纵向涂抹一遍，再分区域涂抹（在涂抹过程中，左手拇指按住镀晶瓶口，防止挥发），如图 3-245 所示。

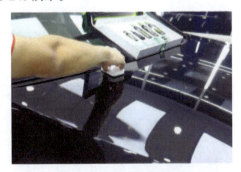
图 3-244　涂抹镀晶剂

图 3-245　纵向涂抹

5）横向重叠涂抹，在涂抹接口处应进行重叠涂抹，以免漏涂（在后续涂抹过程中，每次只需要在镀晶专用海绵上滴一两滴镀晶剂），如图 3-246 所示。

施工顺序：车顶镀完（左右）→左后翼子板（包括左后视镜）→左前门板→左后门板→行李舱→后杠→右后翼子板（包括右后视镜）→右后门板→右前门板→车头盖（左右）→右前翼子板→前杠→左前翼子板。

注意：在镀晶剂涂抹过程中，要时刻检查漆面，不能有任何遗漏的地方。

图 3-246　重叠涂抹

6）由于纳米密封剂会在镀晶层与镀晶剂结合产生更光亮的保护层，便于快捷擦拭，所以在涂抹完镀晶剂 5min 后，涂抹一层纳米密封剂再擦拭，这样镀晶效果最好，如图 3-247 所示。

注意：涂抹密封剂的过程中避免过度用力，应涂抹均匀。

（2）擦拭漆面晶体

1）待晶体与漆面充分结合后，使用专用毛巾（质地柔软且纤维厚实）擦拭，镀晶产品具体擦拭的间隔时间一般是 3～5min（根据温度不同而异），然后用手指轻轻触摸镀晶层，当感觉有点黏时就可以擦拭了，如图 3-248 所示。

图 3-247 涂抹纳米密封剂

图 3-248 使用专用毛巾擦拭

注意：擦拭时，专用毛巾要叠成方块，隐藏毛巾边角位，防止擦花车漆。

2）开始擦拭晶体，使用毛巾时开口要向着掌心并将其捏紧，以免散开露出边角，如图 3-249 所示。

3）在擦拭过程中，可以稍微用力擦拭，但要避免过度用力，防止擦拭晶体时擦花车漆，如图 3-250 所示。

图 3-249 捏紧毛巾

图 3-250 擦拭晶体（一）

4）擦拭时，要整车擦净，避免残留，如图 3-251 所示。

5）擦拭晶体的过程不能太慢，以免晶体干固后无法进行作业（镀第一块时，根据标准的时间施工，如果出现难擦的情况，那么下一块的施工时间可以缩短），如图 3-252 所示。

注意：在施工过程中，如果出现由于涂抹结晶体时没有掌握好固化时间而发生结晶表面粗糙无光泽的情况，这时可以用半湿毛巾进行补救擦拭，将毛巾在故障部位进行擦拭，如果情况改善，则进入下一步，如果该方法还是不能解决问题，只能用抛光机进行抛光处理。

图 3-251 擦拭晶体（二）

6）擦拭效果如图 3-253 所示。

图 3-252　擦拭晶体（三）

图 3-253　擦拭效果

标准：全车表面应光亮照人、呈现出镜面效果。
（3）检查缝隙处残留的晶体
1）检查、去除发动机舱盖缝隙处残留的晶体，如图 3-254 所示。
2）检查、去除车门缝隙处残留的晶体，如图 3-255 所示。

图 3-254　去除发动机舱盖缝隙处残留的晶体

图 3-255　去除车门缝隙处残留的晶体

3）检查、去除行李舱盖缝隙处残留的晶体，如图 3-256 所示。
（4）施工完成
1）用手电筒或工作灯检查漆面各处有无缺陷，如图 3-257 所示。

图 3-256　去除行李舱盖缝隙处残留的晶体

图 3-257　检查施工质量（一）

2）检查时，应多变换角度，迎合光线，认真检查和确认，如图 3-258 所示。
3）要全面仔细检查，不得有遗漏部位。若有问题，应在质检表上登记，并让施工团队及时返工，如图 3-259 所示。

图 3-258　检查施工质量（二）

图 3-259　检查施工质量（三）

4）施工质量检查完成后，把光洁如新的汽车交回客户的同时，应告知客户下列注意事项：

① 施工后 48h 内，应尽量避免雨水粘附在车漆上，如果发现有雨水，应尽早把水分擦干，防止产生水印。

② 夜间行车遇到蚊虫等粘附在车漆上时，应尽快把脏物清洗干净。

③ 镀晶后一个星期内尽量避免洗车。

④ 后期保养应使用专门的养护剂，按规定的使用周期（每三个月一次）进行维护，使用养护剂可以去除残留在镀晶层的轻度雨痕，恢复镀晶原有的光泽。

四　车身漆面镀晶需要了解的问题

漆面镀晶后还需要保养吗？

镀晶后需要做一些保养，涂上专业的镀晶养护剂或水性养护剂，比如钛晶甲的镀晶养护剂可以提升漆面的亮度和光泽度；涂上漆面复原剂，可以去除漆面上的顽固污渍、鸟粪、树脂和细微划痕等，使漆面恢复到最佳状态。

镀晶与镀膜有什么区别？

镀晶的主要成分是二氧化硅，在漆面形成一层厚度为 1～2μm 的玻璃膜层，玻璃膜层把车漆和空气隔绝起来，可以防止车漆氧化和划伤，提高车漆硬度（2H 提升到 9H）和光泽度（提升 40%～50%），有很强的防污性，3 年之内不需要抛光、打蜡、封釉。

市面上大多数镀膜属于有机镀膜，一年内要镀很多次，没有持续性，无法形成玻璃膜层并将漆面和空气隔开，膜和漆面融合在一起，漆面长期与空气接触，时间长了，漆面容易氧化变色。

膜层刮花了怎么办？重新修补是否出现漆面新旧不同的鸳鸯漆面？

全车漆面一般分为 13 块漆面，只需修复破损的那一块即可，一块漆面的维修过程一般需要 1～2h。因为镀晶是把漆面的最好状态保护起来，3 年之内漆面都是原来的最好状态，即使修补了，也不会有新旧不同的漆面同时存在。

第六节　底盘装甲

　　底盘装甲的专业叫法是底盘防撞防锈隔声漆，是一种高科技的黏附性橡胶沥青涂层。它具有无毒、高遮盖率、高附着性等特性，喷涂在底盘、轮毂、油箱、下围板、行李舱等外露部位，快速干燥后形成一层牢固的弹性保护层，可阻挡沙石撞击，避免潮气、酸雨、盐分对底盘金属的侵蚀，防止底盘锈蚀，保证行车安全。

一、底盘装甲对底盘的影响

　　俗话说"烂车先烂底"，终年不见阳光、历经无数坎坷的底盘腐蚀和损坏的概率很大。普通汽车的底盘都很低，在行驶过程中一些飞溅起来的沙石不停地撞击底盘；在凹凸不平的路面行驶，底盘还有可能被托底；雨雪天行驶时，底盘易粘结泥块，受到雨水、冰雪的腐蚀；雪后道路上可能布满具有极强腐蚀性的融雪剂，这会对底盘造成致命的摧残，大大缩短车辆的使用寿命。

　　一些汽车制造商为了降低成本，在新车出厂时，只给汽车底盘喷了一层薄薄的底盘涂料（一般是 PVC 材料），有的车甚至连这样的涂料也只是局部简单地喷一下，把防锈漆和镀锌层暴露在外。防锈漆和镀锌层在理想的环境下也许可以对汽车底盘起到防锈作用，但是在日常行驶过程中这样的处理根本不起作用，所以给车辆"穿"一件底盘装甲是非常有必要的。

二、底盘装甲的作用与种类

1. 底盘装甲的作用

　　底盘装甲具有阻隔气候影响、抵御沙石撞击、加强行驶安全、为车辆保值、提高驾驶舒适性等作用。

　　（1）阻隔气候影响　夏日地表的烘烤、酸雨、潮气、盐分、融雪剂等每一种因素都能侵蚀底盘。底盘装甲可有效防止汽车底盘生锈，预防底盘提前老化，即使在沿海城市温暖潮湿的气候下，带有盐分的海风吹拂也不会将钢筋铁骨蹂躏得伤痕累累。

　　（2）抵御沙石撞击　当汽车行驶在路况不好的路面上，沙石被震动飞溅后会不断撞击汽车底盘。底盘装甲可以保护汽车底盘原有的防锈漆和镀锌层，以防金属裸露在外并与空气中的潮气和酸雨等接触而生锈，有效阻止锈渍迅速蔓延、腐蚀汽车内壳机件。

　　（3）加强行驶安全　受损的底盘可能会导致底盘某些零件变形，例如上下摆臂、左右转向拉杆等，一些轻微剐碰同样会引起发动机油底壳或变速器油底壳等发生轻微渗漏。这些变形和渗漏不容易检测到，但是会严重影响行车安全。在做过底盘装甲之后，发动机和底盘不易受损，安全自然有保障。

（4）为车辆保值　通常新车使用3年后，就会发生锈蚀。而与之相对应的一个事实是：车辆保养得越好，价值越高。经过一段时间的行驶之后，无论是自己使用，还是准备换新车，做过底盘装甲（附有品质保证书）的汽车肯定拥有更高的价值。尽管买车一般都不会冲着投资而去，但同样一款车型，在使用若干年后，价值的差别却有天壤之别。

（5）提高驾驶舒适性　由于底盘装甲采用具有弹性的材质密封性处理，一方面提高了车辆行驶时的平稳度和舒适性；另一方面降低行驶过程中的噪声。

2. 底盘装甲材料的种类

底盘装甲材料有沥青漆、油性防撞漆、水性防撞漆、复合高分子树脂。

（1）沥青漆（第一代）　沥青漆主要由沥青、填料和溶剂组成，在早期因其材料来源广泛、廉价而一度畅销，但由于富含沥青成分，沥青漆会导致人体皮肤过敏甚至致癌。另一方面，沥青漆不耐高温，在夏天车底温度高时融化滴落，进而散发出有害气体，渗入车厢后危害车主的健康。基于以上原因，沥青漆在市场上已日渐式微。沥青漆唯一的优势是便宜，但是沥青干了以后会产生龟裂，有很多裂缝，藏在裂缝里的水会形成"电池效应"，使底盘锈蚀更加严重，对汽车的危害更大，最好不要用沥青漆做底盘装甲。

1）优点：价格便宜，初期柔韧性好。

2）缺点：初期粘手不干，后期（约半年后）易脆化变硬脱落。高温时会散发出有害气体。

3）鉴别方法：在沥青漆上喷涂一般市场售的白色自喷漆，表面显出褐黄色即代表底漆内含有沥青，如图3-260所示。

（2）油性防撞漆（第二代）　此类防撞漆又分成两种，一种由硬性树脂、增塑剂及二甲苯等组成，喷涂后早期的柔韧性较好，但在老化过程中随着增塑剂的挥发，漆膜逐渐变硬变脆、失去弹性，且易脱落；另一种是橡塑改性防撞漆，通常由合成橡胶、改性树脂及溶剂制成。其优点是具有良好的弹性及附着力。其缺点是不耐汽油。试验方法：可将喷涂成膜后的漆膜刮下，放进汽油浸泡，30min内会被完全溶解。另外，油性防撞漆在施工过程中对防火安全的要求较高。此类溶剂型产品已渐渐被环保型水性产品取代。

图3-260　沥青漆

油性防撞漆含有对人体有害的有毒物质（用来做稀释剂的溶剂，如甲苯），会破坏环境和损害人体健康。另外，油性防撞漆的胶层很硬，稍为弯曲一下，胶层就会开裂，缺少弹性，底盘隔声效果较差，如图3-261所示。

（3）水性防撞漆（第三代）　水性防撞漆通常由高分子弹性材料、助剂及水组成，对环境无害，是目前应用最普遍的新型防撞漆。这类产品为适应环保的要求而使用昂贵的材料，价格较高。

水性防撞漆的稀释剂为水，不含有毒物质，又称水溶性底盘防锈胶。水溶性防撞漆附着力强、胶层弹性较好，底盘隔声效果显著，是做底盘装甲的首选材料。

1）优点：环保安全，施工方便，气味小，涂膜厚实。

2）缺点：低温（5℃以下）及潮湿（湿度大于85%）时不能施工，如图3-262所示。

第三章 汽车美容维护

图 3-261 油性防撞漆

图 3-262 水性防撞漆（多功能防护涂层）

（4）复合高分子树脂（第四代） 第一代和第二代产品都为非环保型，正在逐步退出市场，第三代为环保型，但由于施工受温度、湿度的影响较大，耗时较长。第四代具有高防水性、高弹性、高防腐性、高吸声降噪性，并在环保的基础上运用其独特的深层电离四元接枝技术，将四种不同性能的高分子材料融为一体。复合高分子树脂不受湿度、温度的影响，大大缩短了施工时间，如图 3-263 所示。

三 底盘装甲过程

图 3-263 复合高分子树脂

底盘装甲过程主要包括 5 步：

1. 对各部件进行拆卸

准备工具材料：举升机、拆装工具 120P 套装、力矩扳手、卡扣专用拆卸工具、底盘装甲材料、三角木/铁、举升机泡沫垫、吹尘枪、专用毛刷、长柄刷、龙卷风清洗枪、抹布、美纹纸、抹布、遮蔽纸。

（1）停放车辆

1）将车辆停放在举升机内合适的位置上，拉紧驻车制动器，将变速杆置于 P 位，车身左右两边的距离尽量相等，车身前后两边的距离尽量相等，如图 3-264 所示。

注意：选用合适的举升机，被举升的车辆重量不能超过举升机的最大举升重量。

2）首先对准车辆底部的支撑点（绝大多数车型在设计时都会有特殊的结构形状标注，如一个缺口、箭头标识等）放置泡沫垫，防止举升机在工作时造成车辆底部裙边的损坏，如图 3-265 所示。

图 3-264 停放车辆

149

3）对轮胎进行预松时，为了防止车轮前后转动，应在车轮前后用三角木/铁进行固定，如图 3-266 所示。

图 3-265　放置泡沫垫

图 3-266　放置三角木/铁

（2）对轮胎螺栓进行预松　拆卸车轮前，根据轮胎螺栓的大小选择合适的套筒与力矩扳手、短接杆进行组合，然后对四个车轮的轮毂螺栓进行预松（套筒放入到位，一只手握住力矩扳手的手柄向上提拉，另一只手应握住力矩扳手头部，稍微下压，让套筒中心和螺母的中心保持在一条线上，防止螺栓松脱和损坏），如图 3-267 所示。

注意：预松时，力矩扳手转动的角度尽量不要超过 90°，一旦拧松过多，在车辆的重力作用下可能会损坏螺栓。

（3）举升车辆　根据实际需要，按下举升机举升开关，将车辆平稳举升到拆卸轮胎时所需的高度（当轮胎离地约 20cm 时），按下举升机保险开关，将举升机锁定在这一高度，使保险爪与保险齿完全啮合，如图 3-268 所示。

图 3-267　预松车轮固定螺栓

图 3-268　举升车辆

注意：举升车辆时，要排除周围障碍物，注意举升机下方和周围不能站人，并检查举升机两边是否同步上升。若发现举升机的两边上升不同步时，应立即停止使用举升机，排除故障后方可使用。

（4）拆卸轮胎　将套筒、短接杆与棘轮扳手进行组合，然后拧下左后轮轮毂螺栓。将车轮向外扳动，同时要向上用力抬起车轮才能取下车轮（车辆四个车轮的拆卸方法相同），如图3-269和图3-270所示。

图3-269　拧下左右轮轮毂螺栓

图3-270　取下车轮

（5）拆卸翼子板内衬

1）使用内六角扳手拆卸后翼子板内衬与后保险杠的固定螺栓，如图3-271所示。

2）使用开口扳手拆卸后翼子板内衬与车架的固定螺栓，如图3-272所示。

图3-271　拆卸后翼子板内衬与
后保险杠的固定螺栓

图3-272　拆卸后翼子板内衬与
车架的固定螺栓

注意：有些车型翼子板内衬不只通过螺栓固定，还通过卡扣固定。左右两边前翼子板内衬一般通过螺栓和卡扣固定，大部分汽车的翼子板内衬会延伸到前保险杠下方，拆卸时需要先拆卸保险杠下方的螺栓。

3）取出后翼子板内衬，如图3-273所示。

注意：拆卸完翼子板内衬全部螺栓和卡扣后，翼子板内衬也不一定能取下来，此时要使用巧劲取下翼子板内衬，不能使用蛮力，否则容易损坏翼子板内衬卡扣。

翼子板内衬一般非常薄，大力拆卸时非常容易损坏翼子板内衬，拆卸时需要小心。

一些使用时间很久的汽车翼子板内衬会变脆，此时大力拆卸容易导致翼子板内衬破碎。

（6）拆卸排气管隔热罩（以雪佛兰车型为例）

1）拆卸排气管支架固定螺栓，如图3-274所示。

图 3-273　取出后翼子板内衬

图 3-274　拆卸排气管支架固定螺栓

2）使用卡扣专用拆装工具拆卸排气管隔热罩的固定卡扣，如图 3-275 所示。

3）取下排气管隔热罩，如图 3-276 所示。

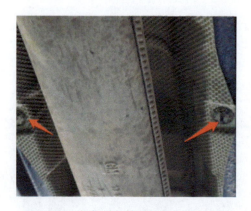

图 3-275　拆卸排气管隔热罩的固定卡扣

图 3-276　取下排气管隔热罩

注意：排气管工作时温度较高，在拆卸排气管隔热罩时要防止烫伤。

2. 清洗底盘

（1）吹尘　汽车在行驶过程中，会有很多灰尘附着在车身和底盘上。底盘装甲前，需要对翼子板背面以及底盘各部位进行吹尘。

1）使用吹尘枪对翼子板背面吹尘，如图 3-277 所示。

2）对减振器胶套吹尘，如图 3-278 所示。

3）对减振弹簧吹尘，如图 3-279 所示。

4）对底盘表面吹尘，如图 3-280 所示。

5）对底盘内部吹尘，如图 3-281 所示。

图 3-277　对翼子板背面吹尘

注意：注意边角孔洞等位置，需反复变换角度从不同的位置吹尘。

图 3-278　对减振器胶套吹尘

图 3-279　对减振弹簧吹尘

图 3-280　对底盘表面吹尘

图 3-281　对底盘内部吹尘

（2）清洗
1）使用专用毛刷清洁翼子板背面各部位，如图 3-282 所示。
2）使用长柄毛刷清洁减振器旁边的缝隙，如图 3-283 所示。

图 3-282　使用专用毛刷清洗翼子板背面各部位

图 3-283　使用长柄毛刷清洗减振器旁边的缝隙

3）使用专用毛刷清洁底盘各部位，如图 3-284 所示。
4）遇到顽固污垢时，可用龙卷风清洗枪进行清洁，如图 3-285 所示。

注意：对于泥土、焦油、沥青等，可用发动机清洗剂或除油剂清洗；对于锈渍、锈斑等，可用除锈剂擦洗。

图 3-284　使用专用毛刷清洗底盘各部位

图 3-285　使用龙卷风清洗枪清洗顽固污渍

（3）擦拭

1）使用毛巾对底盘各部位进行擦拭，如图 3-286 所示。

2）使用毛巾对减振器进行擦拭，如图 3-287 所示。

3）使用毛巾对翼子板背面进行擦拭，如图 3-288 所示。

注意：清洗后，必须将清洗部位擦干，不能有水分残留，避免影响底盘装甲材料的附着。

图 3-287　擦拭减振器

图 3-286　擦拭底盘各部位

图 3-288　擦拭翼子板背面

3. 遮蔽防护

（1）遮蔽

1）在施工场地上做好遮蔽工作，有利于施工后的清洁，如图 3-289 所示。

2）选择合适大小的遮蔽纸对车辆下裙边进行遮蔽（美纹纸一半贴在遮蔽纸上，另一半贴在车身上），防止装甲材料落到漆面上，如图 3-290 所示。

3）对制动盘进行遮蔽，防止装甲材料落到制动盘上，如图 3-291 所示。

4）对减振器进行遮蔽，防止装甲材料落到减振器上，如图 3-292 所示。

5）对翼子板进行遮蔽（遮蔽过程中遇到曲面时，可将胶带的内侧边缘重叠以适应曲面贴紧的需要），防止装甲材料落到漆面上，如图 3-293 所示。

6）对消声器进行遮蔽，防止装甲材料落到消声器上，如图 3-294 所示。

图 3-289　遮蔽施工场地

图 3-290　遮蔽下裙边

图 3-291　遮蔽制动盘

图 3-292　遮蔽减振器

图 3-293　遮蔽翼子板

图 3-294　遮蔽消声器

7）对排气管进行遮蔽，防止装甲材料落到排气管上，如图 3-295 所示。

8）对排气管尾部进行遮蔽，如图 3-296 所示。

图 3-295　遮蔽排气管

图 3-296　遮蔽排气管尾部

9）对底盘油管进行遮蔽，防止装甲材料落到底盘油管上，如图3-297所示。

10）完全遮蔽底盘油管，如图3-298所示。

图3-297　遮蔽底盘油管

图3-298　完全遮蔽底盘油管

注意：在涂料易聚积的地方，例如板边、沿特征线或要涂厚涂料的区域，要贴双层遮盖胶带和遮蔽纸，以防止涂料渗入遮盖材料。

（2）检查　遮蔽完成后，要检查有无漏贴或粘贴不牢固的现象，检查有无过度遮蔽或遮蔽不足的部位。检查制动盘、减振器、底盘散热系统、制动系统、油管等部位是否遮蔽严实。

1）检查制动盘、减振器是否遮蔽严实，如图3-299所示。

2）检查底盘散热系统、制动系统、油管等部位是否遮蔽严实，如图3-300所示。

图3-299　检查是否遮蔽严实（一）

图3-300　检查是否遮蔽严实（二）

注意：由于发动机油底壳、变速器外壳需要散热，所以如果将防锈材料喷涂在它们上面，会影响散热效果；还有更不能将防锈材料直接喷涂在排气管上，车辆行驶时排气管的高温会将表面的附着物烤焦进而发出臭味。在做底盘装甲时，必须先用遮蔽纸遮蔽这些部位，尤其要遮蔽好车身上的传感器和减振器。

4. 喷涂底盘装甲材料

（1）喷涂

1）对翼子板背面进行喷涂，如图3-301～图3-303所示。

2）对底盘进行第一次喷涂（每喷完一层都要停下来晾干一下，然后一层一层地叠加，至少喷三层，加起来厚度约为4mm），如图3-304～图3-305所示。

3）对底盘进行第二次喷涂，如图3-306所示。

图 3-301 开始喷涂翼子板背面

图 3-302 喷涂翼子板背面

图 3-303 喷涂翼子板背面完毕

图 3-304 对底盘进行第一次喷涂（一）

图 3-305 对底盘进行第一次喷涂（二）

图 3-306 对底盘进行第二次喷涂

4）对底盘进行第三次喷涂，喷涂完成后，应检查各部位有无漏喷的部位，如果发现有漏喷的部位，应及时进行补喷，如图 3-307 所示。

注意：底盘防锈喷涂部位干燥后，表面呈现黑色颗粒状。喷涂时，不能将装甲材料喷涂到发动机油底壳、变速器油底壳、排气管、消声器等部位，也不要喷涂到转向系统、制动系统、传动系统、悬架等部位。

（2）去除所有遮蔽防护

1）去除翼子板的遮蔽纸，如图 3-308 所示。

2）去除制动盘的遮蔽纸，如图 3-309 所示。

3）去除减振器的遮蔽纸，如图 3-310 所示。

4）去除排气管尾部的遮蔽纸，如图 3-311 所示。

5）去除排气管消声器的遮蔽纸，如图 3-312 所示。

图 3-307　对底盘进行第三次喷涂

图 3-308　去除翼子板的遮蔽纸

图 3-309　去除制动盘的遮蔽纸

图 3-310　去除减振器的遮蔽纸

图 3-311　去除排气管尾部的遮蔽纸

图 3-312　去除排气管消声器的遮蔽纸

6）去除排气管消声器的遮蔽纸，如图 3-313 所示。

7）去除施工场地上的遮蔽纸，如图 3-314 所示。

图 3-313　去除排气管消声器的遮蔽纸

图 3-314　去除施工场地上的遮蔽纸

（3）检查施工质量　如图3-315所示，检查减振器、制动盘和漆面上是否粘附有装甲材料，如有，需要及时清除。

底盘装甲喷到车身上时不用担心，可以用柏油清洗剂去除。底盘装甲的主要原料是沥青，专业的汽车底盘装甲全部采用高分子树脂材料合成，韧性好，附着力大，高温不融，低温不裂，具备较强的防锈、隔声和抗撞击作用。将柏油清洗剂喷到漆面上，用毛巾擦拭就可以清理干净了。

图3-315　检查施工质量

5. 对各部件进行安装

（1）安装排气管隔热罩

1）将排气管隔热罩放回原位进行安装，如图3-316所示。

2）用手将排气管隔热罩所有的固定卡扣扣上，将排气管隔热罩固定在底盘上，如图3-317所示。

图3-316　安装排气管隔热罩

图3-317　将排气管隔热罩固定在底盘上

3）使用棘轮扳手安装排气管固定支架，如图3-318所示。

（2）安装翼子板内衬

1）将车辆降至合适的高度，如图3-319所示。

图3-318　安装排气管固定支架

图3-319　降下车辆

注意：在举升机下降过程中，禁止人员在汽车下方站立或走动，禁止人员在负载以及托举装置的活动范围内操作。

2）安装翼子板内衬（安装步骤与拆卸步骤相反），如图 3-320 所示。

3）拧紧翼子板内衬固定螺栓，拧紧时拧紧力矩不能过大，如图 3-321 所示。

图 3-320　安装翼子板内衬

图 3-321　拧紧翼子板内衬固定螺栓

（3）安装车轮

1）双手托住车轮向上抬起，对准螺栓孔后装入车轮，如图 3-322 所示。

2）用手将固定螺母拧上（按照对角顺序进行安装），如图 3-323 所示。

图 3-322　装入车轮

图 3-323　用手拧上固定螺母

3）使用棘轮扳手对轮毂固定螺栓进行预紧，预紧后要上下扳动车轮，感觉有无旷量，若有旷量，说明车轮还未安装到位（此时，如果将举升机降下，车轮在车辆的重力作用下可能会损坏固定螺栓），如图 3-324 所示。

4）将车辆降至最低位置，如图 3-325 所示。

5）拧松预置式力矩扳手手柄末端的锁紧旋钮，如图 3-326 所示。

6）通过旋转手柄调节力矩至需要值（一般为 90~110N·m），如图 3-327 所示。

7）此处拧紧力矩为 105N·m，如图 3-328 所示。

图 3-324　预紧车轮固定螺栓

图 3-325　降下车辆

图 3-326　拧松旋钮

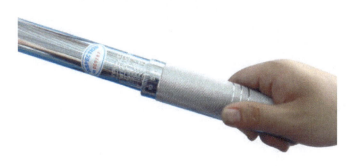

图 3-327　调节力矩

图 3-328　拧紧力矩为 105N·m

8）调节好力矩后，拧紧预置式力矩扳手手柄末端的锁紧旋钮，如图 3-329 所示。

9）对所有轮胎螺栓进行拧紧，拧紧过程中，当听到力矩扳手发出"咯嗒"声，且扭力杆有轻微振动时，说明力矩已达到设定值，如图 3-330 和图 3-331 所示。

注意：所有轮胎螺栓要按对角顺序分 2～3 次拧紧至规定力矩，不能一次对单个螺栓拧紧。

图 3-329　拧紧旋钮

10）取下泡沫垫，如图 3-332 所示。

11）取出三角木/铁，如图 3-333 所示。

图 3-330　按对角顺序拧紧轮胎螺栓

图 3-331　逐一拧紧轮胎螺栓

图 3-332　取下泡沫垫

图 3-333　取出三角木 / 铁

四　底盘装甲选购指南

究竟什么样的底盘装甲才是专业的底盘装甲？专业的汽车底盘装甲与劣质的底盘装甲又如何辨别呢？主要看以下 3 个方面：

1. 开罐气味

从开罐气味看，专业的汽车底盘装甲用高分子树脂与水合成，有微弱气味；而劣质底盘装甲用沥青、橡胶、甲苯、二甲苯等合成，气味难闻、刺鼻。

将产品少量放在白纸上，如含沥青，纸上会有黄点出现。

若含有甲苯、二甲苯等，则有刺激性气味，能点燃且有火苗。

2. 施工过程

从施工过程看，专业的汽车底盘装甲具有高固含、低黏度的特点，容易施工，对施工人员和车主没有危害。劣质的底盘装甲由于含有甲苯、二甲苯等，对施工人员和车主危害性较大。

3. 成膜效果

从成膜效果看，专业的汽车底盘装甲全部采用高分子树脂材料合成，韧性好，附着力大，高温不溶，低温不裂，具备较强的防锈、隔声和抗撞击作用。而劣质的底盘装甲只能防锈，夏天高温易融化、粘东西，冬天低温容易开裂、脱落。

选购辨别方法如下：

1）一看：看表面凹凸感，均匀且凸大，则隔声、抗撞击性能强。

2）二掐：用力掐样板或已做好的汽车底盘，如果凹痕能迅速恢复，说明具备抗砂石撞击的能力。

3）三折：从不同角度弯曲样板，看是否断裂，以此判断其柔韧性和附着力。

4）四晒：把做好的样板或把汽车放在太阳底下暴晒，看是否变软、变黏。

第七节　玻璃贴膜

玻璃贴膜是在前后风窗玻璃、侧窗玻璃以及天窗上贴上一层薄膜状物质，而这层薄膜状物质叫作太阳膜或防爆隔热膜。它的作用是阻挡紫外线、阻隔部分热量以及防止玻璃突然爆裂导致伤人等情况发生，同时根据太阳膜的单向透视性能，还可保护个人隐私。它在某些层面达到降低燃油消耗的目的。

一、玻璃贴膜的好处

玻璃贴膜有7个好处：
（1）隔热防晒　玻璃贴膜能阻隔红外线产生的大量热量。
（2）隔紫外线　紫外线中的中波、长波能穿透很厚的玻璃，贴膜后能隔断大部分紫外线，防止皮肤受伤害，也能减缓汽车内饰老化。
（3）安全与防爆　膜的基层为聚酯膜，耐撕拉、防击穿，加上膜的胶层，贴膜后玻璃强度能增加100倍，还可以防止玻璃意外破碎对驾乘人员造成二次伤害。
（4）营造私密空间　玻璃贴膜后，距离车身1m之外看不清车内，有助于保护个人隐私。
（5）降低空调负荷、节省油耗　空调负荷降低近15%。贴膜后，空调制冷能力损失可以得到弥补，能瞬间降低车内温度，达到一定程度的节省油耗。
（6）增加美观　根据个人喜好，通过贴膜能彰显个性化并美化爱车。
（7）防眩目　保持眼睛舒适，降低因为眩目因素造成的意外情况。

二、玻璃膜的认识

1. 玻璃膜的种类

玻璃膜可分为下列6种：
（1）染色膜　指低档汽车膜，这种膜的特点是薄、不隔热、易褪色。
（2）涂布印刷膜　是韩国特有的一种工艺，一般较厚。这种膜隔热性较好，但透光性稍差。
（3）普通金属膜　是指在无色的原膜层上喷溅金属制造而成，所用金属一般为铝、铁等。这种膜一般产于中国、印度、日本和美国等。市场上常见的是这种金属膜，但这种膜透光性一般，隔热性也一般，价格不低。一般美容店经常用这种膜冒充高等膜。很多知名的品牌也不过就是普通金属膜，由于进入市场较早，所以消费者以为这种膜是高级膜。
（4）纳米陶瓷膜　以纳米氮化钛为基础，通过磁控溅射技术与金属氮化技术的结合而生产出来，经久耐用，不易腐蚀，不干扰电磁信号。美国、日本和中国都具有生产纳米陶瓷膜的能力。
（5）贵重金属膜　这种膜也是在无色的原膜层上喷溅金属，但喷溅的是铬、钛、铂等贵重金属。这种膜的特点是颜色自然，透光好，隔热好。

（6）磁控溅射膜　采用多层聚酯膜技术，这是高级膜的另一个技术趋势，通过多层挤出技术，将240层聚酯膜叠加在一起，制成仅有0.05mm厚的隔热膜，具有可见光透过率高、隔热好、寿命长、无电磁信号干扰等特点。

2. 玻璃膜的发展历程

玻璃膜的生产制造历史可追溯到20世纪30年代。当时，人们为了遮挡强烈的阳光，研制出了早期的太阳纸，就是现在俗称的茶纸，但它基本不具备隔热作用，仅用于遮光，属于玻璃膜的第一代产品。

（1）染色膜　20世纪60年代出现，以深层染色的手法加注染料和吸热剂，吸收阳光中的红外线，达到隔热的效果。因其同时吸收了可见光，导致可见光穿透率不够，加上本身工艺所限，清晰度较差；隔热功能衰减快，由于采用化学吸热工艺，当膜本身的热量饱和后，便向车内散发热量导致车内温度升高，从而失去隔热作用，而且容易褪色，但价格比较便宜。

（2）真空热蒸发膜　20世纪90年代出现，真空热蒸发工艺是将铝层蒸发于基材上，达到隔热效果。此类膜已进入了金属膜领域，具备较持久的隔热性，但缺点是清晰度不高，影响视野舒适性，反光较高。

（3）金属磁控溅射膜　20世纪90年代末出现，磁控溅射工艺是采用先进的多腔高速旋转设备，利用电场与磁场原理高速度、大力量地将镍、银、钛、金等金属粒子均匀溅射于高张力的PET基材上。磁控溅射工艺的产品除具备很好的金属质感、稳定的隔热性能外，还具有其他工艺无法达到的清晰度、低反光及持久的色泽。真正高品质的膜能同时达到高清晰、高隔热、低反光、不含染色。但是金属磁控溅射膜的缺点也比较明显，由于受金属本身物理特性限制，金属磁控溅射膜易氧化，并且会阻隔GPS等车内无线通信系统信号（例如DVD导航系统、电子狗、手机、高速公路不停车收费系统），汽车贴金属磁控溅射膜的弊端显而易见。

（4）琥珀光学纳米陶瓷隔热膜　2000年，全球首款纳米陶瓷膜——琥珀光学纳米陶瓷隔热膜在德国问世，应用纳米技术将耐高温极稳定的陶瓷材料均匀溅射到高张力的PET基材上，隔热效果显著持久，而且不易氧化、寿命比金属磁控溅射膜长一倍，并且绝对不阻隔GPS。在金属膜的基础上，真正达到了完美窗膜的九大标准：不氧化、不褪色、不阻隔GPS、高隔热、高透光、低反光、色泽持久、使用寿命长、防爆。

3. 汽车玻璃膜的选用

贴膜，选用好产品是非常重要的。车主对付夏季骄阳，太阳膜是最有效也是最直接的武器，但选择太阳膜时，一定要选择适合自己的品牌，应选择那些大品牌产品，这样才有质量保证，让太阳膜真正起到消除阳光的作用。

因为生产技术和工艺不同，各个品牌的产品也存在一定的差异，消费者在选择太阳膜时，尽量选择市场公认的品牌。因为虽然太阳膜产品很多，但走品牌路线的并不多，而这些大品牌都是经过市场考验的产品，能让消费者的权益得到保障。在此之前，太阳膜市场长期被国外品牌所垄断，现在这种垄断开始被打破，国内品牌开始出现，且国内正规的大品牌在产品和质量等方面也是有保障的，所以消费者在选择时可以充分比较太阳膜的性能和价格，挑选一款最适合自己的产品。

怎么辨别太阳膜的好坏呢？太阳膜质量好坏的标准主要是隔热性能、防紫外线性能、透光率和安全性。好的太阳膜没有浑浊的感觉，在厚度、防划伤功能和环保无异味等方面都要超出那些质量比较差的产品。

正规的产品除了有授权证书，产品的色泽也比较均匀，无波浪色差，衬膜用的材料清晰透明，卷膜的卷筒质地较好，膜的长度一般为30m，有时细心留心一下，就能分辨出太阳膜的质量好坏。好的太阳膜质感比较强，有弹性，透光率好，即使在夜间也很清晰，并且无异味；而假的大多发软、模糊，闻起来有一种让人恶心刺鼻的气味。

另外，真正大品牌的太阳膜和假冒的太阳膜还有一个区别就是质保和售后服务不同。大品牌的产品质保期一般都比较长，而且都有厂家正规的质保书，像3M公司还有专门的电子质保书，这些都是那些假冒产品所不具备的。

三 玻璃贴膜过程

玻璃贴膜过程主要包括2个方面：

1. 汽车玻璃清洗

（1）清洗车辆 分为普通清洗和精洗两种。普通清洗就是传统意义上的手工洗车和隧道式洗车机洗车，因其成本低，操作简捷，所以受到众多车友的青睐。精洗源自欧洲，所以也称"汽车欧式精洗"，2010年底引进中国。精洗是指对汽车内外的清洗，比传统洗车更细致、更干净。洗车是每个车主或驾驶人经常要面对的问题，洗车店已逐渐成为很多大中型城市的投资热点项目。精洗服务好、步骤多、设备完善、成本高，服务对象定位于中高档汽车消费群体，是洗车行业的主打技术项目之一。

精洗与普通清洗有很多不同之处，首先精洗使用的是经过处理的软水而非一般的自来水，就连擦拭车身的绒布也因车身部位不同而分别搭配使用。

精洗还采用专用清洗剂和龙卷风内饰精洗设备，对底盘、发动机、轮毂、空调口、行李舱等部位进行全方位的精洗。洗漆面、擦内饰、擦门框以及清洗发动机和轮毂等部位时，对应不同部位采用不同颜色的专用毛巾，防止细菌交叉污染。洗玻璃时，通常采用无酸清洗液。

（2）将车辆停放在专用无尘贴膜间 玻璃贴膜时不能有任何的瑕疵点和杂物、颗粒，因此必须在无尘贴膜车间内施工。无尘间不仅仅是有一个与外界隔离的封闭玻璃门，内部应设有水雾喷淋头和空调以起到空气除尘作用，地面有排水地沟和专用涂料，进一步起到降尘作用。室内有专用工作台和物品等，摆放整齐，清洁干净。

（3）除去车窗上的旧玻璃膜 使用热风筒对旧玻璃膜进行加热，一边加热，一边撕下旧玻璃膜，如图3-334和图3-335所示。

注意：使用热风筒加热玻璃膜时，不能对车内的塑料部位以及门边上的密封胶条加热。

（4）车窗清洗 准备工具材料：铲刀、玻璃清洗液、喷壶、专用毛巾、除尘枪、刮板。

1）使用铲刀将玻璃上的脏物去除。残胶和毛边一定要清洁干净，否则贴膜时会导致膜脏，如图3-336所示。

2）清理时，可以用手触摸玻璃内表面来判定有无残胶，擦拭车门内饰板，如图3-337和图3-338所示。

图 3-334　加热旧玻璃膜

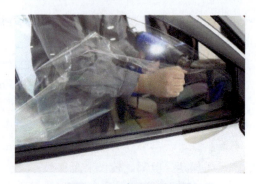

图 3-335　去除旧玻璃膜

图 3-336　去除脏物

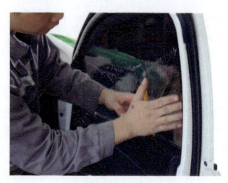

图 3-337　去除残胶

3）使用除尘枪吹出玻璃密封槽内的沙粒、杂物等，然后向密封槽内喷洒适量的水，用裹着毛巾的刮板清理内槽。在玻璃表面上喷洒玻璃清洗液，使用玻璃专用毛巾进行擦拭，清洗玻璃如图 3-339 和图 3-340 所示。

标准：玻璃表面无脏污迹，手感光滑。

注意：清理玻璃密封槽时，要顺着一个方向清理内槽，每刮一次要变换美容布的清洁面，以免沙粒、污垢附着在毛巾上又被带回槽内；玻璃内侧为真正的贴膜面，一定要清洁干净。

图 3-338　擦拭车门内饰板

图 3-339　清洗玻璃内侧

图 3-340　清洗玻璃外侧

2. 玻璃贴膜

（1）定型和修边　准备工具材料：美工刀、玻璃膜、裁膜台。将玻璃膜覆盖在玻璃外侧，压刮定型，保护膜朝外。窗膜边缘要平行于玻璃密封胶条，并确保有足够余量（3～6mm），利用窗框或胶条作为引导进行切割，膜的下部裁切完成后，将膜滑动到适合的位置，固定住整个膜，小心地将膜从底部揭起，然后降下车窗玻璃对膜的上部进行修整，完成后转移到裁膜台上，进行最后的修边，如图3-341和图3-342所示。

图3-341　裁切玻璃膜　　　　　　　　图3-342　修整玻璃膜

（2）裁膜　准备工具材料：美工刀、玻璃膜、卷尺或直尺、裁膜台。根据玻璃大小对玻璃膜进行初裁。初裁长度要比测量的数据大5cm（前后风窗玻璃）。

侧门门窗顶部裁膜尺寸要大于车窗玻璃边缘尺寸5cm左右，两边要大于原车玻璃边缘尺寸1cm，底部在上膜时预留1～2cm的余量，如图3-343和图3-344所示。

图3-343　初裁玻璃膜　　　　　　　　图3-344　裁膜

（3）贴膜　准备工具：美工刀、刮板、喷壶。

1）撕开窗膜的保护膜，将安装液喷洒到车窗玻璃上（喷洒安装液后，可以使膜暂时失去黏性），然后将膜贴到车窗玻璃上，如图3-345和图3-346所示。

2）贴膜时，要从玻璃顶部开始，一边撕除窗膜的保护膜，一边向下移动压刮，直至玻璃底部。将薄铁板插入密封胶边缘与玻璃隔开，先把膜的两个边角嵌入，移动薄铁板将膜与玻璃底部贴合到位，如图3-347和图3-348所示。

标准：玻璃贴膜一般采用由上到下的顺序。

3）将撕下来的保护膜覆盖在玻璃膜上，可以防止在刮除水分过程中损伤到玻璃膜的外表面。刮除水分时，一般应该从玻璃膜的中间位置向两边刮除水分，刮除时要用手按住玻璃膜，使力度分散均匀，同时避免玻璃受力移动，如图3-349～图3-352所示。

图 3-345　撕开窗膜的保护膜

图 3-346　喷洒安装液

图 3-347　开始贴膜

图 3-348　撕掉保护膜

图 3-349　将撕下来的保护膜覆盖到玻璃膜上

图 3-350　从中间位置向两边刮除水分

图 3-351　刮除内侧水分

图 3-352　刮除外侧水分

注意：刮除水分时，用力要均匀，动作要柔和，不要折损玻璃膜。

（4）清洁和检查

1）使用玻璃专用毛巾对所有车窗玻璃进行擦拭，去除条纹水迹和污渍，如图 3-353 所示。

2）检查贴膜后的施工质量，应依次打开车门检查玻璃膜内表面。若有问题，应在质检表上登记，并让施工团队及时返工。检查没有任何缺陷后，交还汽车给客户时，应向客户解释质量保证程序和基本的维护说明，如图 3-354 所示。

图 3-353　去除条纹水迹和污渍

图 3-354　检查施工质量

标准：

膜内不应存在疵点和杂物，膜面不能有折痕、气泡和划伤。

在下降时的车窗顶部，只应留下 1~2mm 的间隙，以粗略观察不容易发现为宜。

应该覆盖玻璃边框的黑色釉点区，不漏光，不翘边，美观协调。

不存在因挤水用力不均匀和挤水路径不规则而产生的视觉重影、水痕。

注意：在晴天条件下，可以把车开到室外检查。

四　车窗贴膜的保养方法

很多车主只知道给爱车贴膜，对于贴膜后的维护却不够重视，所以会发现贴膜后没过多久就出现刮伤、气泡和暗淡的现象。这对车主来说，将会是一大损失，所以汽车贴膜，不仅要贴合适的膜，还要在完美的基础上给予周全的保护。

不要频繁升降车窗

汽车贴膜完后，3 天之内不要频繁升降车窗；车膜需要一个适应期，使车窗表面与所贴的膜更为贴近；还要确保 3 天之内在高速公路上行驶时别打开天窗。

冬季保养

冬季贴膜后，建议一个星期内不要升降车窗，也不要洗车。前后风窗玻璃贴膜需要一个月左右才能干透。白天，前风窗玻璃要朝着太阳的方向晒。需要注意的是，后风窗玻璃加热线一个月内不能开，因为冬季贴膜后如果开加热线会在加热线附近产生气泡，没办法修复，这会带来不必要的损失和麻烦。

气泡处理

如果膜的边缘出现气泡,应及时处理,别让气泡范围扩散。

五、车膜的辨别方法

1. 汽车贴膜三高招防假

没有经验的车主在购买车膜前可向商家索取车膜质保卡,质保年限通常为8~15年。如果商家没有,那就要小心了。正规品牌的车膜都有防伪水印,应注意查看。如果条件允许,还可以取一小块车膜,撕开透明层,闻一闻气味,假膜通常有刺激性气味,真膜没有。归纳起来就是"一看二闻":看质保卡和防伪水印,闻气味。

这两招是应对假冒产品最基本的方法。选购车贴膜时,由于车主不是这方面的专家,购买现场也不可能做专业测试。下面介绍三种操作简单却很有效的辨别方法。

(1)车窗膜的透明度及颜色

1)优质的车窗膜透明度很高且应接近于全透明。而假冒车窗膜透明度通常不达标,贴上去后从里往外看雾蒙蒙、黑乎乎。贴上这样的车膜,不隔热防晒,开车视线模糊受阻,安全隐患极大。

2)车膜颜色误区。有的车贴膜颜色较深,为谨防受骗,可以索要一小块车膜检验。用指甲或钥匙在撕开的车膜上来回刮划,如出现掉色就是假膜。因为真膜有防刮伤层所以不易掉色,而假膜没有。此外,大多数车主对车膜颜色有这样的误区:认为车膜的颜色越深越好。其实,车膜颜色与质量无关,不论颜色深浅,透明度高才是衡量标准。

(2)贴膜隔热性能当场测试 好的车膜有很高的辐射反射率,热量被反射掉,所以车内温度低。既然要隔热防晒,有什么简单的方法在购买现场就能知道隔热性好不好呢?有!一般汽车门店中都有一个模拟阳光照射车厢环境的灯箱,将车贴膜置于灯箱附近,用手隔着贴膜感觉透热性即可。优质车膜能明显地阻挡热量。将车膜对着太阳或碘钨灯,用手感觉就知道隔热性能如何。

(3)务必选择专业门店 有些车主喜欢贪便宜或图方便,去非专业小门店贴膜。这类维修店通常在裸露的室外进行贴膜作业,其实仅从这点就可以判定他们不专业。因为贴膜时应尽量避免灰尘多的室外环境,通常都在较为封闭的环境中贴膜。此外,在贴膜过程中,是将整张膜进行粘贴作业的,因为当前风窗玻璃破碎时,整张膜能发挥其防爆性,牢牢粘住破碎的玻璃,不会造成玻璃碎片飞溅伤人。若贴膜人员要将整张膜裁剪开并分块贴膜作业,那说明这家门店不专业。

2. 从四方面辨别防爆膜

(1)看颜色 通常,防爆膜都选用较浅的绿色、天蓝色、灰色、棕色、自然色等眼睛看起来比较舒服的颜色,而且采用金属溅射工艺,将镍、银、钛等金属涂在天然胶膜上,怎么用都不会出现掉色、褪色现象。从外观上看,防爆膜色泽均匀柔和,无波浪深浅不匀的色差,从车内往外看景色自然不变色。而普通色膜是将颜色直接融在胶膜中,撕掉上层塑料纸后,用力刮粘贴面，就会有颜色脱落。另外，拿着普通色膜在地上轻轻擦拭，就会出现褪色现象。

（2）闻气味　劣质膜的胶层残留溶剂中，苯含量高，有异味，会严重影响车主的身体健康。而优质膜在出厂前已经过了专业的处理，异味较小。

（3）问指标　防爆膜必须具有隔热、防爆、防紫外线等作用。消费者在选择防爆膜时，可以详细地向销售人员咨询相关指标，从而判别真假和质量的好坏。

按照一般的标准，防爆膜的隔热率应达到90%，紫外线阻隔率一般不低于98%，透光度可达90%，而且不论颜色深浅，清晰度都非常高。在防爆性能方面，优质的防爆膜由特殊的聚酯膜作基材，膜本身有很强的韧性，在正常使用时，能保护膜面不易被划伤，玻璃破裂后可被膜粘牢，不会飞溅伤人。正规厂家生产的防爆膜都有较长的质量保证期，通常是5年。

（4）摸手感　一般防爆膜的厚度大于2mil，所以摸起来手感厚实平滑。另外，由于其表面经过硬化处理，一般不会划伤表面。而普通色膜由于厚度不够，手感薄且脆，在摇动玻璃的过程中，会在膜上留下划痕。

第八节　车身贴膜

追求个性展示与众不同的汽车消费文化的车身贴膜，是顺应市场需求的变化应运而生的新型服务项目。从简单的洗车打蜡到封釉镀膜，我国汽车美容装饰行业已迅速经过起步阶段，正在进入一个不断升级的过程，并日趋多样化、高端化。伴随汽车改装潮流兴起和政策放行，车身改色、彩绘将备受追捧。全球汽车美容装饰行业发展轨迹证明，车身贴膜是汽车美容装饰产业升级的必然趋势。

一　车身贴膜对车漆的影响

车辆长时间在外行驶或停放，受日晒、雨淋、风吹及空气中有害物质的侵蚀而导致车漆老化褪色、暗淡无光。车膜对车漆起到高效保护的物理性作用，可以阻隔外界对漆面造成的伤害，不与车漆发生任何化学反应。当然，在车漆非原厂车漆的情况下，也有可能受影响，但影响较小，车身贴膜既能给爱车提供最直接的保护，又有利于爱车美观和保值。

二　车身贴膜的作用与种类

1. 车身贴膜的作用

1）不破坏车漆，增强车漆保护作用。传统的汽车美容喷漆工艺是在牺牲车漆基础上达到个性与爱好的彰显。车身贴膜不但达到喷漆的效果，还可以恢复原样，不喜欢了，随时可以撕掉，还原成原来的车漆，杜绝了因为喷漆改色对车漆造成的伤害。喷漆改色，需要磨掉原车漆。一般的喷漆改色永远做不到原车漆的效果。喷漆改色后，若出现剐碰，则需要重新喷漆，会造成色差。贴膜则只需要对既定的钣金面进行重贴。

2）可以长期保护车漆，免除封釉镀膜等费用，节约美容成本。贴过膜的车辆不用抛光打蜡封釉镀膜，日常养护只需要洗车就可以满足。

3）耐化学物质腐蚀及酸雨、虫尸、鸟粪、树脂等的侵蚀。贴膜为高分子聚合材料，可以有效防止弱酸、弱碱、弱盐的腐蚀。

4）阻隔日晒高温，降低汽车自燃的可能性，既可防止紫外线对漆面的直接损伤，还可防止冰雪、树枝刮伤、钥匙痕迹、太阳纹、凹痕和石屑痕迹等。

5）旧车车面翻新。旧车翻新不仅可以使用传统的喷漆方式，同时车身贴膜更有希望替代喷漆成为一种潮流。全车贴膜改色一般2～3天，喷漆则需要5～7天。整车喷漆需要全车钣金面拆卸，易造成零件丢失或损坏（特别是一次性塑料件）。喷漆过程会造成环境的污染，而贴膜材料、施工都是环保施工。更重要的是，越来越多的车主已不希望对自己的爱车进行大拆大解，纷纷转向车身贴膜。

6）车身贴膜还具有保护车漆、美观漆面、节约时间、方便用车、车辆保值等作用。

① 保护车漆。漆面保护膜较厚，具有韧性，能很好地保护车漆。

② 美观漆面。具有神奇的自修复功能，可以消除细微划痕，配合增亮效果，可以让爱车看起来更加漂亮。

③ 节约时间。漆面保护膜能使用很多年，不需要复杂保养，省时省力。

④ 方便用车。不怕洗车、太阳纹、漆面老化、石子飞溅等，用车时更轻松、省心、方便。

⑤ 车辆保值。原车漆是二手车评估的一个因素，保护了车漆相当于爱车保值。

2. 车膜种类

车膜种类繁多，可分为以下22种：

（1）亚面彩色膜　低亮度反射，亚光高贵，适合稳重大气的车型。

（2）光面彩色膜　色彩鲜亮明快，颜色逼真，时尚运动感强，适合超跑、运动型家轿等。

（3）碳纤维膜　碳纤维质感亚光表面，强调立体感与典雅高贵，主要以黑、白、灰色为主，适合中高端稳重车型及汽车内饰贴膜，效果极佳。

（4）防碎石透明保护膜　纯色透明，不变黄、不脆裂，专为保护车身而设计，可有效阻隔紫外线、高温以及化学侵蚀，增强漆面立体亮度，令原车漆效果更好地展现。

（5）铸造级个性彩绘膜　配合各类喷绘机使用，具有良好的油墨固封能力，完美表现各类图案，色彩鲜明生动。

（6）高贵皮纹膜　具有真皮质感，多种色彩可选，配合真皮内饰，达到内外呼应的完美效果，将尊贵、豪华体现得淋漓尽致。

（7）彩色珍珠膜　明亮剔透，配合点点晶光，拥有珍珠般的柔滑细腻，是时尚动感的真实展现。

（8）金属镜面膜　看上去具有硬金属的刚性表面，线条流畅，立体而有深度。

（9）奇幻车灯膜　透明镀色薄膜，有多种色彩，专为保护装饰车灯设计，有效阻止沙石撞击，为车灯增添奇异色彩，更显时尚酷感。

（10）微棱镜反光标识膜　这是一种专门用于提高车辆夜间识别和安全性的逆反射材料，可达到全天候远距离可见性。

（11）亮光金属膜　剔透明亮，配合点点晶光，又有珍珠般的柔滑细腻，是时尚动感的真实展现，适合时尚男女闪动活跃的气质，为爱车增添灵动气息。

（12）电光金属膜　面层光滑晶亮，质感很强，凸显车身的线条，适合高端商务轿车，能更好地体现个人品位。

（13）拉丝金属膜　产品效果直观明显，金属质感较强，表面拉丝细腻，均匀度好，时尚动感。

（14）亚光金属膜　膜层含有闪亮金属颗粒，具备时尚质感，表面光滑，细致靓丽，是高端汽车首选的个性化改色方案。

（15）电镀镜面膜　高亮镜面反射效果，耀眼突出，独有的增光图层，个性炫酷，打造黄金级别车身改色，适用于超级跑车。

（16）亚光电镀膜　看上去具有硬金属的刚性表面，线条流畅，立体而有深度，刚性魅力一览无余。

（17）透明保护膜　晶亮透明，具有超强的韧性，耐磨、耐划伤、不易变色，可自动修复，使汽车漆面与空气隔绝，能持久保护漆面（封锁住漆面最初面貌，长久不老化）。

（18）亮光渐变膜　透明闪亮，在光线的照射下，随着不同的环境、不同的角度，渐变成各种靓丽的色彩，璀璨无比。

（19）染色膜　染色膜是在众多的汽车贴膜中档次比较低的贴膜，这类膜比较薄，隔热效果差，褪色现象比较严重，在一些规模比较小的店里比较常见，价格相对便宜，全车贴膜价格在200元左右。

（20）涂布印刷膜　涂布印刷膜较厚，隔热效果比较好，但透视性表现稍差一些。

（21）普通金属膜　普通金属膜是在无色膜上喷一层金属，也是现在市场上比较常见的汽车贴膜，在美观度上有了提升，但透视性和隔热效果一般，价格比较贵，需要注意鉴别。

（22）纳米陶瓷膜　纳米陶瓷膜的最大优势是耐用、不易腐蚀，由于材质特殊，纳米陶瓷膜不干扰电磁信号。

3. 车膜的选择

车膜是经过特殊工艺制成的薄膜，通过物理方法覆盖在汽车上，这样可以改变汽车的外观颜色，提升汽车的颜值，同时对车身有很好的保护作用，还可以降低汽车日常养护费用。对车主来说，做车身改色贴膜非常划算，当然只有高质量的车膜才能有这样的效果。

挑选汽车改色膜时，可以先确定好自己喜欢的色系，按照色系来选用合适的改色膜颜色以满足个性化要求。另外，还可以按照车型特点来选用合适的改色膜，款式新颖独特的车型适合颜色艳丽的改色膜，车型设计比较成熟稳重的可以选用黑灰色系等。

（1）选择车膜的注意事项

1）手感：优质膜摸上去有厚实平滑感，而劣质膜手感薄而脆，容易起皱。

2）颜色：优质膜的颜料均匀融合在薄膜中，经久耐用，不易变色，而劣质膜的颜料在黏合胶中，撕开车膜的内衬后用指甲刮一下，颜色就掉了。

3）气味：劣质膜胶层残留溶剂中苯的含量高，有异味，会严重危害车主的身体健康。

4）气泡：撕开车膜的塑料内衬后，重新复合时，劣质膜会起泡，而优质膜复合后完好如初。

5）质保期：一般正规厂家生产的膜都有较长的质保期。

（2）国产膜和进口膜的区别　国产膜导气槽是不规则的，不是正常的几何等边体（例如正方形、六边形等）；反之，进口膜都是等边的。注意：现在国产膜已经出现正方形的导气槽，所以这不能是唯一的判断标准。

国产膜由于工艺问题在色泽方面无法达到进口膜的色彩饱和度，对一些稀有的颜色，例如电光系列、陶瓷系列、电镀系列等，无法拥有进口膜那样的细腻感。

掉胶也是客户在选购国产膜时考虑比较多的一个因素，那么掉胶能不能后期处理掉？ 90%是可以清除的。

在选择进口膜和国产膜时，要确定自己对膜的品质追求的高度，对色泽、饱和度要求严格的，想长期使用的，不喜欢留胶，进口膜会更适合一些。

三　车身贴膜过程

1. 深度清洁

准备工具材料：柏油去除剂、超浓缩蜡水洗车液、毛巾、去渍泥、除胶剂、铁粉去除剂、牙刷或长柄刷等。

洗车时需要清洁漆面，使用去渍泥去除油漆表面氧化层及附着力较强的污渍，使用通用除胶剂去除车身表面残胶，使用酒精溶液去除漆面残留的油渍及蜡质（避免影响贴膜效果）。

注意：汽车门框底部的沥青也要打开车门后去除干净；用湿毛巾擦拭喷洒过的区域，不要大力擦拭，以免漆面出现擦拭细痕。用常压水清洗，以免沥青四处飞溅。擦拭完沥青后，使用稀释好的超浓缩蜡水洗车液清洗，然后用水冲干净（沥青水必须处理干净，防止与其他产品产生化学反应）从上到下冲洗。

1）沥青一般附着在车身底部周围，将柏油清洗剂均匀地喷洒在车身底部，等待2~3min，等沥青溶解软化之后擦拭干净，然后用水冲洗，如图3-355和图3-356所示。

图3-355　擦拭沥青

图3-356　冲洗车辆

标准：全车漆、门框底部的沥青要全部去除，漆面、玻璃光滑。

注意：不能在干燥、高温的漆面上施工，不能在塑料表面上施工，特别是透明塑料。

2）使用除胶剂去除车身表面残胶（例如车门贴纸撕掉后残留的不干胶等，如果不处理会影响贴膜效果，贴膜完成后就会发现没有处理好的颗粒状，这将影响美观），如图3-357和图3-358所示。

图 3-357　喷洒除胶剂

图 3-358　去除车身表面残胶

3）手工清洁门边与板件之间的缝隙及反面等不易清洁的部位，例如门缝边、保险杠及翼子板边缝等（防止贴膜时使膜粘贴不牢固，影响贴膜效果），如图 3-359 和图 3-360 所示。

图 3-359　清洗缝隙（一）

图 3-360　清洗缝隙（二）

4）车间降尘处理（防止灰尘落到车表漆面上影响贴膜效果）：打开施工除尘设备，对施工车间进行除尘工作，从而提高施工质量，如图 3-361 和图 3-362 所示。

图 3-361　无尘车间施工

图 3-362　车间降尘处理

2. 板件拆卸

准备工具材料：内六角扳手、螺钉旋具、橡胶刮刀。

1）拆卸风窗玻璃侧边条、车窗压条、门把手、风窗玻璃压条等，使清洁更彻底。如果不拆卸，精剪裁膜时还可能损伤漆面，贴膜完成后会发现这些部位旁边有接口，将会影响美观，如图 3-363~图 3-366 所示。

图 3-363　拆卸风窗玻璃侧边

图 3-364　拆卸门把手（一）

图 3-365　拆卸门把手（二）

图 3-366　拆卸风窗玻璃压条

注意：拆卸时，不要损伤漆面，不要硬拉或硬撬，否则容易损坏部件。

2）再次清洗车辆，特别是刚刚拆卸下来的部件部位，如果不清洁漆面，将导致贴膜时膜粘贴得不牢固，时间久了会裂开，容易脱落，如图 3-367～图 3-370 所示。

图 3-367　清洗车辆（一）

图 3-368　清洗车辆（二）

图 3-369　清洗车辆（三）

图 3-370　清洁漆面

标准：拆卸下来的部件位置要和车身漆面一样干净、平滑。

注意：清洗时，确保冲洗干净。

3. 测量贴膜板件的尺寸

准备工具材料：美工刀、卷尺、车身膜。

测量时，选取长宽最大处，如果没有选择最大处，会导致裁剪膜时，膜和需要粘贴的部件不匹配。为减少浪费和充分利用材料，在裁剪前要对贴膜的表面进行打版，如图 3-371 和图 3-372 所示。

图 3-371 测量贴膜板件（一）

图 3-372 测量贴膜板件（二）

4. 裁取合适的膜

根据实际测量打版，在裁膜台裁取长宽合适的膜。如果没有根据测量进行打版，裁剪出来的膜大了会造成浪费，小了不合适，这会造成更大的浪费。贴膜时，必须对汽车需要贴膜的部位进行测量，以免造成不必要的浪费，既提高了效率，又节省了成本，如图 3-373～图 3-375 所示。

图 3-373 裁膜（一）

图 3-374 裁膜（二）

5. 膜面定位与刮覆

通常，先中间赶覆定位，再顺势自然定位左右两侧。

如果没有选取从中间赶覆定位，而是选择从一边开始定位，就会发现没有从中间定位快，从两边开始往中间开始定位，等刮覆到中间位置会产生很多气泡，还会有一部分膜是凸起，所以要从中间开始。用橡胶刮刀把膜和车身漆面之间的气泡都刮掉，

图 3-375 裁膜（三）

使其美观、平整,如图3-376和图3-377所示。

图3-376 刮掉气泡(一)

图3-377 刮掉气泡(二)

6. 对车膜粗略裁切

将漆面边角多余的车膜裁切至3～5cm,使其能更好地包覆于板件的背面。如果没有进行初步裁剪,后期用烤枪收边时会不方便、费时,甚至会影响到收边效果,如图3-378和图3-379所示。

图3-378 粗略裁剪车膜(一)

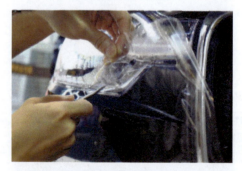
图3-379 粗略裁剪车膜(二)

7. 收边固定

烤枪用于对膜的加热定型,为温度可调式,最高温度可达600℃。烤枪与膜之间的距离在10～15cm为佳。用烤枪(100～150℃)烘烤已粘附的边角,使其更好地贴合弧度部位。汽车贴膜部位边缘都需要用烤枪烘烤,如果没有用烤枪烘烤,车膜和漆面边缘部位之间贴合不好,时间一长就会裂开,如图3-380和图3-381所示。

图3-380 加热定型(一)

图3-381 加热定型(二)

注意：烤膜时，膜的受热程度可用速度快慢和距离远近来调节，烤枪温度不宜过高，且不能在一个气泡上停留时间太长，避免温度过高把膜烤焦。

8. 对车膜进行精细裁切

依板件背面结构精细裁切，确保裁膜效果平整，如图3-382和图3-383所示。

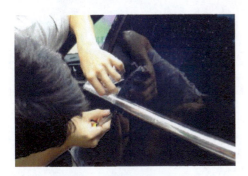

图3-382　精细裁切车膜（一）

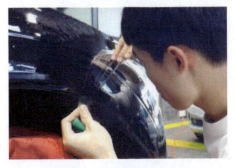

图3-383　精细裁切车膜（二）

注意：使用美工刀时要小心，不要划伤车身漆面，也不要损伤其他部位。

9. 车膜表面清洁

先把之前拆卸下来的部件安装回去，再清洁膜面上残留的手指印、灰尘等，恢复车膜表面完美光泽，达到完美交车效果，如图3-384和图3-385所示。

图3-384　贴膜完成

图3-385　清洗车辆

标准：车膜表面要通透明亮、全车接缝处干净整洁，无翘边。
注意：车膜表面不能有翘边、气泡等现象。

10. 整车检查

准备工具材料：手电筒。

用手电筒照亮检查，检查时要多变换角度，迎合光线，认真检查和确认，如图3-386～图3-389所示。

标准：膜面干净整洁，平顺光滑，无凸起，无划痕；膜面无残留的手指印、灰尘等；确保所有拆卸下来的部件均已复位。
注意：如果贴膜完成后仍有划痕、翘边等现象，要及时返工处理。

图 3-386　检查施工质量（一）

图 3-387　检查施工质量（二）

图 3-388　检查施工质量（三）

图 3-389　检查施工质量（四）

四　保持汽车长期靓丽如新的方法

施工后初期（交车日起 3 天内），贴膜的附着力相对较小，为以防万一，切勿触碰膜面尤其是边缘部分，不可用高压水枪洗车，可用软布湿洗表面。

同时，后续产生的气泡或水泡属于正常现象，经过 10 天左右可自然消失。如果有需要，可到施工单位进行快速处理。由于车身各部位弧度大小不同，弧度大造成膜层粘附力小，边角容易二次起边或起泡。在施工后 7 天后，应返回施工店复检，确保施工质量完美。

清洗车辆应在贴膜完全干燥后（施工后约 7 天）进行。

禁止使用强力吸盘吸附膜面表层；遇到雨雪天气时，防止雨水长时间浸泡导致膜面染色；若有鞭炮纸等物质落在膜表面，应及时清除。

第九节　倒车影像系统的安装

汽车倒车影像系统经过多年的发展已经升级了技术，改良了性能，并应用到各种车型上，例如乘用车、货车、大型客车、校车、联合收割机、玉米收割机、工程机械等。如今的倒车影像系统产品都各有特点，使用较多的有数码显示、显示器显示和多功能倒车镜显示。

一、倒车影像系统的认识

即使在晚上倒车影像系统通过红外线也能将车外环境看得一清二楚。近年来，专业车载探头防磁、防振、防水、防尘性能有进一步的提升。车载显示器采用TFT（薄膜晶体管），无信号干扰、无频闪；同时可接收两路视频信号，能够播放视频，自带解码器，具有倒车可视自动水平转换、自动开关功能。仪表台、倒车镜显示器通过车后的高清摄像头将车后的状况清晰显示，也可同时安装两个倒车后视摄像头，使倒车时无盲区。

全景可视系统有四路视频信号，即前、后、左、右，将摄像头安装在车头、车尾以及后视镜的下面，由遥控控制，能自动地切换画面。全景可视系统可提升防盗监控能力与行车安全性。

二、倒车影像系统的作用

倒车影像系统也称为泊车辅助系统、倒车可视系统、车载监控系统等。倒车影像系统使倒车时车后的状况更加直观、一目了然，是非常实用的配置之一。当倒车时，倒车影像系统会自动接通位于车尾的倒车高清摄像头，让车主准确把握后方状况，使倒车更加安全、自如。

三、如何选购汽车倒车影像系统

1. 摄像头成像要清晰

有些车主反映自己的倒车影像系统在白天使用时没问题，但是到了车库等一些光线比较暗的地方就成像不清晰了。这应该是倒车影像系统的感光元件不够高级，导致有些障碍物分辨不太清楚，影响倒车时的判断。

2. 摄像头的安装位置要合理

摄像头的安装位置很重要，这决定着车主在使用时所能看到的视野大小。不少车主自行加装的摄像头安装在后保险杠上，这样不能看到车尾，安装时应以能够看到牌照灯处为宜，这样有利于车主准确地判断车辆与障碍物之间的距离。

3. 换倒档后显示器显示图像要快

如果车主正准备倒车，已经换至倒档，但是显示器需要一段时间才能显示出图像，是不是很让人抓狂呢？当然，显示器的反应速度也能反映倒车影像系统的性能。

4. 摄像头广角要够大

摄像头广角要够大，就意味着车主能够看到的范围足够大，障碍物逃出视野范围的概率也就越小。

四 倒车影像系统的安装过程

倒车影像系统的安装过程分为安装摄像头、布线和检查三个步骤。

1. 安装摄像头

1）将车辆停放在施工工位，如图3-390所示，关闭点火开关，拉起驻车制动器，有些汽车配置的是电子驻车制动器，也需要扣起驻车制动器，安装车内三件套。

2）打开行李舱，如图3-391和图3-392所示。行李舱打开方式有多种，如钥匙遥控打开、钥匙锁芯打开、感应式打开等。

图3-390 停放车辆

图3-391 打开行李舱（一）

图3-392 打开行李舱（二）

3）拆卸行李舱支撑杆的装饰壳，如图3-393所示。拆卸前，需要检查行李舱装饰盖有无损伤，如果有损伤，则及时向客户反映，避免交车时产生纠纷。

4）找到行李舱盖内饰板卡扣和锁的外壳，使用卡扣拆卸工具或螺钉旋具拆卸行李舱内饰板卡扣（图3-394）和锁的外壳。行李舱内饰卡扣一般有10个以上，因车型不同，行李舱卡扣数量也会不同。拆卸时，不要损坏卡扣和螺栓，如果有坏的卡扣或螺栓，要及时更换新的卡扣或螺栓，拆卸下来要用盒子放好以方便安装，否则容易弄丢。

图3-393 拆卸装饰壳

图3-394 拆卸内饰板卡扣

5）取出内饰板时，要先检查有无遗漏的卡扣或未拆卸的螺栓，如果有，要及时拆卸，在取下行李舱内饰板的过程中，内饰板不得损伤漆面，拆卸下来的内饰板必须放在工具车或指定位置，不能随意地放在地上，以免损坏，如图3-395所示。

注意：不能损坏卡扣、内饰板。

6）用螺钉旋具拆下行李舱上的牌照灯外壳，如图3-396所示。拆卸时，不能暴力拆卸，否则会划伤漆面或牌照灯外壳。

图3-395　取出内饰板

图3-396　拆卸牌照灯外壳

注意：不能划伤漆面、损坏牌照灯。

7）用手旋转牌照灯泡，取出时不要硬拽，应慢慢摇晃取出，如图3-397所示。取出牌照灯后，检查是否损坏，如果已经损坏，则需要更换新件。

8）拔出牌照灯线插头，如图3-398所示。拔出时，不要太用力，否则会损坏牌照灯线束。

图3-397　取出牌照灯泡

图3-398　拔出牌照灯线插头

9）将摄像头的线束从牌照灯壳外面穿过，安装时不要把摄像头上下位置颠倒或装反，贴上防水胶圈，将摄像头线束从牌照灯安装孔穿过，安装牌照灯壳并固定。检查是否固定到位，防止在汽车行驶过程中因为安装不牢固松脱掉落或者划伤漆面，如图3-399所示。

10）摄像头线束沿着牌照灯线束并用扎带固定，如图3-400所示，沿着行李舱支撑杆布置，还要防止行李舱打开和关闭时损坏线束。

11）拆下行李舱内饰板的卡扣，如图3-401所示。拆卸下来的卡扣应放好，以方便后续安装，如果有损坏的卡扣，应及时更换新的。有的车型则不需要拆卸，不同的车型线束布置的方式不一样。

12）打开行李舱左侧内饰板上部，方便把摄像头线束从行李舱后面穿到汽车前面，然后准备进行布线，如图3-402所示。

图 3-399　安装摄像头

图 3-400　固定摄像头线束

图 3-401　拆下卡扣

图 3-402　将摄像头线束穿进车内

13）连接摄像头线束。摄像头有一红一黄两根线，用红线连接倒车灯正极，如果没有连接到倒车灯的信号，则换入倒档时，中控显示屏不显示汽车后方影像。黄线连接导航和倒车控制线。黑线接负极。在破线的情况下，要用绝缘胶带将其包裹好，如果不包裹或包裹不到位，长期暴露在空气中，由于空气中含有水分，会导致线束老化过快，严重时会出现线路短路现象。所有破线处包裹完成后，还要检查是否包裹到位，如果还不到位，必须再次包裹，如图 3-403 所示。

图 3-403　连接摄像头线束

标准：线束连接完好、整齐。

注意：线路不能接反。

2. 布线

1）从行李舱开始布线。由于车型不同，布线位置也不同，一般从行李舱电源线和汽车门槛压板等位置，使延长线走线到仪表台。有的从汽车 A、B、C 柱上方布线，布线时首先检查有无安全气囊，如果有安全气囊的，则不能从那里布线，因为从 A、B、C 柱上方进行布线会破坏安全气囊，如果汽车出现事故，会导致安全气囊弹不出来。布线完成后，应检查刚刚布线时拆卸的部件是否安装到位，如图 3-404 所示。

标准：线路不能漏出。

2）拆卸显示器面板，如图3-405所示。拔下插头，拆下后检查卡扣是否齐全。不同品牌的汽车，中控台拆卸的方法也不同。拆卸时，不能暴力拆卸，否则会损坏中控台。取出中控台并放置在后排座椅上，或者放置在副驾驶座椅上，防止损坏外壳和显示器。

图3-404 布线

图3-405 拆卸显示器面板

3）用外六角扳手拆下原车显示器的4个螺钉，然后取下原车显示器。不同的车型，拆卸中控台显示器的工具也不同，拆卸下来的螺钉应放好，以免弄丢，方便后续安装，如图3-406所示。

标准：显示器完好，无破损。

4）将摄像头视频信号延长线连接到显示器输入接口。连接好之后，用电胶布将其包好，防止汽车在行驶过程中振动脱落，如图3-407所示。

图3-406 取下显示器面板

图3-407 包裹完成

5）将汽车电源线连接到显示器上，并将中控台其他插头插上，如图3-408所示。如果没有插好，当车辆换入倒档时，显示器会没有反应，或者显示不出画面。

3. 检查

1）接通点火开关，起动车辆，换入倒档，测试倒车影像系统工作是否正常。如果没有显示后方画面，则需要检查接线有无问题，或者摄像头本身有无问题。如果显示器上图像清晰，说明安装成功；如果角度出现偏差，可以通过调节摄像头的位置解决，将其调整到一个最佳的视野，

图3-408 连接中控台显示器插头

如图 3-409 所示。

2）在所有线束接好之后，先不急着装回行李舱盖装饰板，此时应先将车辆起动，换入倒档，观察倒车影像系统功能是否正常，摄像头角度和高度是否合适，能否通过倒车影像系统来判断后方的路面。倒车影像系统工作正常后，按照与拆卸相反的顺序进行安装。安装时，不要损伤漆面，如图 3-410 所示。

图 3-409　检查倒车影像系统画面

图 3-410　安装完成

五　倒车雷达和倒车影像系统的优缺点对比

1. 功能方面

倒车影像系统采用实时视频监控，画面比倒车雷达更直观，它能让驾驶人更好地了解后方的状况。而倒车雷达只对高度在 43～70cm 以内的障碍物有反应，存在盲区过多等问题。

2. 安装方面

倒车影像系统安装简单，仅需要把电源连接线正极接到倒车灯正极，电源连接线负极接到倒车灯负极（或接地），安装倒车雷达则比较麻烦。

3. 环境方面

倒车影像系统摄像头附近如果有脏物，例如泥土、车蜡或雨滴，就会影响探测结果。倒车雷达使用超声波回弹障碍物测量间距，光线和气候的变化对它来讲一般没有影响。

4. 性能方面

倒车影像系统比倒车雷达更加直观，但倒车影像系统的超广角镜头所成的像会出现较大的畸变，这直接导致驾驶人对物体的远近、距离感知判断失准。在使用倒车影像系统的过程中，驾驶人的注意力主要集中在显示器上，容易忽略车身左右两侧的情况。而倒车雷达无须观察，会对所遇到的障碍物发出提醒。不过现在市面上已经出现了更为高级的智能倒车视频影像系统，可以在显示器上标注两条倒车诱导导向线，转向盘转动，倒车曲线就随着转动，从而准确地描出倒车轨迹，避免盲区，安全性能得到进一步提高。

六、倒车雷达和倒车影像系统的具体区别

1）倒车雷达依靠回声探测距离并通过不同频率的声音进行提示，但是对声音的判断也会存在误差，而倒车影像系统采用远红外线广角摄像装置，通过观看车内的显示器，车后的障碍物一目了然。

2）倒车雷达是声音提示，看不到影像。倒车影像系统能看到影像，但没有声音提示。

3）倒车雷达只能凭声音的急促程度判断车辆与障碍物之间的距离，倒车影像系统可以看到障碍物，以此判断车辆与障碍物之间的距离。

4）倒车雷达虽说可以进行声音的辨别，但存在盲区，很多时候对小的物体根本无法监测到。倒车影像系统虽然可以较为直观地看见车后的情况，但是不能测出物体与车辆之间的距离。

七、倒车影像系统的类型

常见的倒车影像系统一般分为普通型和360°全景摄像头型。普通型一般只能看到车尾附近的实时画面，360°全景型则会很直观地看到整个车身四周的道路状况。普通型倒车影像系统一般只在车尾安装1个摄像头就可以了。360°全景倒车影像系统则至少要在车头和车尾各安装2个，一共4个摄像头。目前较普遍采用的做法是安装6个摄像头，其目的就是保证成像效果更好。

读者沟通卡

一、申请课件

本书附赠教学课件供任课教师采用,可在机械工业出版社教育服务网(www.cmpedu.com)注册后免费下载;也可扫描二维码关注"爱车邦"微信订阅号获取课件。

爱车邦

免费下载 教学课件、学习视频、海量学习资料
- 扫描二维码,关注**"爱车邦"**
- 点击"粉丝互动"→"视频课件"

二、机工汽车教师服务群

任课教师可加入"机工汽车教师服务群",与教材主编、编辑直接沟通交流。"机工汽车教师服务群"提供最新教材信息、教材特色介绍、专业教材推荐、样书申请、出版合作等服务。

QQ 群号码:633529383,本群实行实名制,请以"院校名称+姓名"的方式申请加入。

三、微信购书

扫描二维码进入小程序"机械工业出版社有赞旗舰店",即可购买机械工业出版社汽车图书。

四、意见反馈和编写合作

联 系 人:谢元
电   话:010-88379771
电子信箱:22625793@qq.com
地   址:北京市西城区百万庄大街 22 号汽车分社
邮   编:100037